備前焼 陶吉

〒705-0001 岡山県備前市伊部668
TEL/0869(64)1236 FAX/0869(64)1237
ギャラリー/岡山県瀬戸内市長船町土師1436
http://www.toukichi.net/

●営業時間 9時～18時 ●駐車場 5台
●無休(1月1日は休み)
●土ひねり体験 可(要予約) 粘土・800g
登り窯3,500円 電気窯2,500円(送料別)
●立地 JR赤穂線「伊部駅」から
北へ徒歩4分。
●駅前通り約160mを北に突き当たり、
東へ約30m。

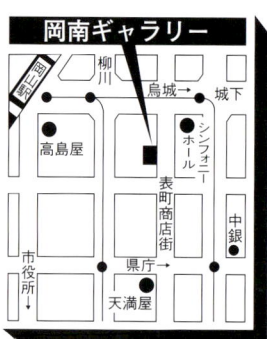

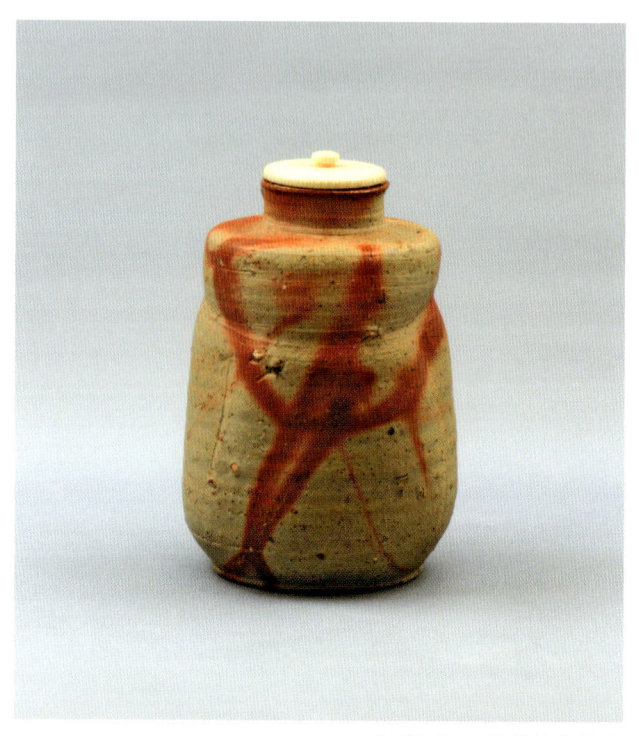

備前焼ものがたり

監修　上西節雄
写真　蜂谷秀人

山陽新聞社

●目次

第一章　古備前名品紹介……7

備前四耳大壺
備前水指　銘青海
備前花入　銘残月
備前茶入　銘さび助
備前馬盥四足大鉢
備前芋形徳利
元亀二年銘　大甕
備前火襷水指
備前三角花入
備前緋襷茶入　銘雷神
備前手鉢
備前緋襷大徳利
備前擂鉢
備前花生　銘太郎庵
備前沓茶碗　銘只今
備前緋襷大皿
備前木ノ葉形皿

伊部の町を歩く　42
備前焼まつり　48
備前焼を楽しむ　50

第二章　備前焼の歴史……57

備前焼前史……58
世界最古級の土器／開発されなかった釉薬／コラム❶「西洋のやきものにあって、和ものにはないもの」／備前焼のルーツ／岡山の須恵器生産

備前焼誕生　平安時代末～鎌倉時代……63
須恵器から備前焼へ／コラム❷「備前焼草創期の窯跡」／初期備前焼の発展

生活陶器の王者へ　鎌倉時代末～室町時代……70
備前の飛躍／海揚がり備前／生活雑器の王者／大型化する窯／室町期の備前焼／茶の湯と備前焼
茶陶で時代を席巻　安土・桃山時代……93
桃山備前／巨大窯の築窯／窯元による経営／コラム❸「ひよせの語源」／備前茶陶の開花／織部好み
管理・統制と衰退　江戸時代……103
奇麗さびと備前焼／白磁の登場／伊部手と細工物で対抗／藩の保護政策と窯元六姓／白備前と彩色備前、狛犬
最大の危機　明治～昭和初期……120
土管が主要製品／コラム❹「伊部焼土管」／コラム❺「影の薄い明治のやきもの」
再評価と隆盛　昭和～現代……129
再評価と大戦／コラム❻「彩色つきニュー伊部焼」／コラム❼「学園に伊部焼の尊徳像」／コラム❽「伊部焼の技を軍需産業へ」／桃山回帰／コラム❾「備前焼ブーム　新人作家が続々と誕生」
備前焼年表　140

第三章　陶技・窯変

第三章　陶技・窯変……141
備前焼のできるまで……142
土づくり／成形／窯詰め／窯焚き／コラム❿「ひだすき『窯焚の原点』」／窯出し

窯変などの味わい……159
胡麻／桟切／牡丹餅／緋／緋襷／青備前／伏せ焼／こげ／紫蘇色／土味／象嵌・自然練り込み／白備前

第四章　人間国宝……169

金重陶陽　藤原啓　山本陶秀　藤原雄　伊勢崎淳
陶器の部分名称　206

第五章　昭和名工伝……207

三村陶景　初代大饗仁堂　石井不老　伊勢崎陽山　金重素山
二代藤原楽山　二代藤田龍峰　浦上善次　藤原建　金重道明
伊勢崎満　四代松田華山

伊部周辺地図　244

主要人名索引　247

第一章

古備前名品紹介

備前四耳大壺　国重文

室町時代

高さ 六三・六センチ
胴径 五一・五センチ
口径 一八・二センチ
底径 二三・〇センチ
千光寺蔵

堂々とした大型壺。堅く黒褐色に焼き締まった器胎の口縁部から胴部にかけて、黄褐色の胡麻《ごま》がたっぷりとかかっている。室町時代になると、壺の器形が多様化し、生産量も飛躍する。しかし、これほどまでに重厚な大型壺の伝世品は稀《まれ》である。

胴の周囲に「石井原山之　橋本坊之　常住物也　歳次　福安元年三月廿三日　甲子　作者伊部村之釣井衛門太郎（花押）」の刻銘がある。この銘により所有者や制作年、作者などが分かるが、福安の年号は実存しない。器形の編年観から文安元（一四四四）年の作であろう。

日本での耳付きの壺は一般に中国南部から輸入されていた、いわゆる呂宋壺《るそん》を模したものと考えられている。備前窯ではその生産量や販路が急成長し、焼成技術も発達した南北朝時代から桃山時代にかけて盛んにつくられた。一九八七（昭和六十二）年、国の重要文化財に指定された。

元亀二年銘 大甕

室町時代末

高さ 一〇六・〇センチ
口径 六六・〇センチ
胴径 八三・五センチ
底径 四二・五センチ
岡山県立博物館蔵

元亀二年の銘より、一五七一年につくられたものであろう。紀年銘のある完形品の備前焼大甕《がめ》の中では最古のもの。備前では、室町時代末に大窯が築かれるが、幅広の口縁帯に三、四本のひだが入り、また高さも一メートルを超えるなど、大窯時代初期の特徴をよく表している。

器肌には「参石入　一吉　ひねりつち　卯月吉日元亀二年」と五行に刻字。非常に焼き上がりがよく、黒味がかった赤褐色をしており、肩に自然釉がかせ胡麻状にかかる。備前大甕が最も隆盛だった時代を代表する優品といえる。

参石とは三石のこと。このような大甕は主に米や水、酒、醤油、藍染料などの容器として用いられた。特殊な例として、肥甕、棺としても使用された。太閤豊臣秀吉が死に臨み自身の遺体を二石入りの備前焼大甕に納めるよう命じ、京都東山の阿弥陀ヶ峰（現在の豊国廟）に埋葬されたことはよく知られるところ。

備前擂鉢

桃山時代

高さ 一三・九センチ
口径 三四・八センチ
底径 一四・〇センチ
香川県香川郡直島町直島沖海底遺跡出土
岡山県立博物館蔵

「備前擂《す》り鉢《ばち》投げても割れぬ」と謡われた備前焼の擂り鉢。鎌倉から江戸時代を通じて大量に焼かれたが、意外にも完形品の伝世品は皆無に近い。日常雑器中の雑器だったためか、粗雑に扱われて割れてしまったのであろう。この擂り鉢は、生産地の伊部から西方にあたる香川県の直島沖海底からの引き揚げ品である。牡蠣《かき》殻を落とすと、つくられた当時のままの姿が現れた。

全体が赤褐色によく焼き締まっており、口縁部周辺には点々と胡麻が降りかかる。胎土には大小の石粒が混入したものが使われており、そのため数カ所に石はぜが見られる。口縁部には何本かのひだが施され、使用時に握りやすくするような工夫の跡も見られる。

備前焼の擂り鉢は、桃山時代の茶会において「擂盆」と称して塗り蓋を付けて水指に見立てられることもあったようだ。この擂り鉢のようなどっしりとした豪快な作振りを見ると、さもありなんと思われる。

写真提供／岡山県立博物館

備前水指　銘青海　国重文

室町時代

高さ　一八・〇センチ
口径　一八・二センチ
底径　一三・八センチ
徳川美術館蔵

備前焼の水指として最も有名なものの一つ。千利休の師、武《たけ》野《の》紹鷗《じょうおう》が愛用していたといわれ、尾張徳川家に伝わった。暗褐色に焼き締まった器胎の口部と火表部分に黄褐色の胡麻が少しかかり、景色を添えている。十六世紀、室町時代末の作で、水指としては創出期の範疇に入る。

もともと室町時代の古備前で今に伝わるものはとても数が少ない。その上、当時の侘び茶の世界では唐物がもてはやされていたため、和物茶陶が伝わっていること自体が貴重。それだけに茶道の文化史を知る上でも非常に価値が高く、備前焼茶陶の原点ともいえる優品である。

形状はやや外開きの円筒形をしており、底は板起こしの平底。胴は紐づくりによる粘土紐の巻き上げ。全体に厚手で、荘重にして端正な造形となっている。古い器形を示しているが、水指としてつくられたものかどうかは定かでない。大名物《おおめいぶつ》。窯印はない。二〇〇一（平成十三）年、国の重要文化財に指定された。

備前火襷水指　国重文

桃山時代

高さ　一四・〇センチ
長胴径　一七・三センチ
長口径　一三・五センチ
底径　一〇・五センチ
畠山記念館蔵

あまた伝わる桃山茶陶の優品の中でも、代表格ともいえる逸品。郵便切手に使われたこともある。白い土肌に鮮やかな緋襷《ひだすき》が縦横に走り、豪華絢爛な趣である。細かな粒子からなる明るい色調の器肌からは桃山時代の息吹が伝わってくる。また胴部の石はぜが何ともいえない風情を加え、人為を超えた窯変の美を見せる。

水指が古文献に登場するのは大永五（一五二五）年の「大徳寺文書」が初出。矢筈《やはず》口形やそれに耳が付いたものが一般的である。この緋襷水指は肩が張り、口は少し内側へ落ち込んだ形状。ゆがんだ器形といい、ねっとりとした土味といい、独特の妙味を出している。

茶道具を中心に、書画、陶磁、漆芸、能装束など、日本、中国、朝鮮の古美術品を展示公開し、茶の湯の美術館として親しまれている畠山記念館の所蔵。一九五九（昭和三十四）年、国の重要文化財に指定された。

備前花生　銘太郎庵

桃山時代

高さ 二五・六センチ
口径 一〇・六～一三・七センチ
底径 一二・七～一三・七センチ
左右 一八・〇センチ
個人蔵

古備前花生の中で最も有名なものの一つ。桃山時代の作品。尾張名古屋の数寄者、高田源良太郎庵所持の伝来品である。

太郎庵は江戸中期を代表的する町方茶人で、はじめは宗和流、後に表千家六代覚々斎宗左《そうさ》原叟の門人となる。宗左の焼いた黒茶碗「鈍太郎」をくじで引き当てたことから太郎庵と号するようになったという。今も茶人に貴ばれる茶花「太郎庵椿」にもその名を残す。

やや扁平につくられた筒花生で、胴の上部が一カ所くびれ、小振りの耳が一対付けられている。火の加減によってだろうか、青備前風の焼けである。黄褐色の胡麻もところどころに降りかかり、また一見人為的とも思える赤褐色の抜け肌も前後数カ所に現れて、渋さの中にも派手な印象を与えている。

箱蓋裏の貼り紙に「太郎庵所持……」の字が見える。窯印は底に「一」と細く篦《へら》書きされている。

備前花入　銘残月

桃山時代

高さ　二三・〇センチ
口径　一一・四センチ
底径　一二・八センチ
湯木美術館蔵

備前花入の中で最も有名なものの一つ。備前焼の花入や花生は桃山時代に盛んにつくられた。謙虚な色合いと形が侘び茶の雰囲気に合い、また花を引き立てるところから多くの茶人に好まれた。造形の基本は矢筈口筒形。筒形につくった後に旅枕や三角、竹の子、砧《きぬた》、耳付などの形に変型されているものも多く見られる。

器胎は鮮やかな赤褐色を呈する。下半分が複雑な形の灰黒色の桟切《さんぎり》模様となり、その中に大きな赤い抜け肌もあってアクセントを添える。この抜け肌が半月形をしているところから「残月」という銘が付けられたといわれる。

全体にややかしいだフォルムだが、その曲線がまた何ともいえないなまめかしさを漂わせ、侘びた中にも優美な趣を添える。名品に讃えられる花器は、花を生かしながら、自らもまた花によって生かされるもの。そういう調和の美を有した逸品といえる。くびれの部分にある梅鉢風の刻印もとても珍しい窯印である。

備前三角花入

桃山時代

高さ 二六・一センチ
口径 九・〇センチ
底径 一四・〇センチ
個人蔵

古備前の三角花入で今に伝わるものは、現在のところ三点しか知られていない。この作品はそのうちの貴重な一つで、備前茶陶全盛の桃山期の作である。

胴部はねっとりとした土を豪快に挽き上げてつくられており、矢筈風につくった口縁の下部を強く引き締めている。側面は箆により三方向から押さえられ、さらに上部と下部にも箆による大胆な曲線が巡らされている。焼成時、同形の作品が左右に置かれていたのであろうか、方向性のある黄胡麻がひと筋だけかかる。

三方の肩には穴の跡が残り、この作品も茶会により、また使用者の好みにより見せる位置が変えられたのであろう。大振りな花入であるが、当時の茶室ではその多くが置き花入としてではなく、掛け花入として使用されている。現在、この穴はすべて漆で塞がれ、置き花入とされている。窯印は、胴部内面の上から四分の一ほどのところに、「」と刻まれている。

備前沓茶碗　銘只今

桃山時代

高さ　九・四センチ
口径　一二・八〜一五・〇センチ
高台径　七・八センチ
岡山後楽園事務所蔵

古備前茶碗の代表格といえる。口当たりのよい伊《いん》部《べ》手《で》以前の茶碗としては、この作品が唯一と言ってよい。「只今《ただいま》」という銘は、東京の古美術商から岡山県に寄贈された際、長い年月を経て故郷に戻ったという意味で付けられた。

楕円形に歪められた姿は豪快な趣さえ見せ、側面の檜垣模様が全体を引き締めている。側面の上部と下部にもところどころ箆目が回っており、高台の削り出しは素朴そのもの。いかにも「織部好み」といった作風であり、作例としても珍しい逸品。古備前茶碗の中でも最高のものの一つに数えられる。

器胎は外面が赤褐色で、見込《みこみ》はところどころに黒紫色の混じった灰色を呈する。内外面とも胡麻が多くかかっているが、高台内と高台脇にはかかっておらず、これにより重ね焼きをしたことが分かる。胎土には小石や砂が多く混入しており、ザングリとした土味が味わい深い。

写真提供／岡山県立博物館

備前茶入 銘さび助

桃山時代

高さ 七・四センチ
口径 四・〇センチ
胴径 五・六センチ
底径 四・五センチ
個人蔵

古備前肩衝《かたつき》茶入の中で最も有名なものの一つ。利休亡き後その茶道を受け継ぎ発展させた利休七哲の一人、古田織部《ふるたおりべ》が所持していたと伝わる。篦目やゆがみ、ひずみを好んだ織部らしい作風である。

焼き色といい、その姿といい、いかにもものわびしげな雰囲気が漂う。轆轤《ろくろ》水挽き成形により薄く作られ、立ち上がりの低い口部が傾きながら肩の中へ落ち込む。胴三方に二本ずつ縦篦目が付けられ、胴下部は面取り。茶褐色の器胎の火表に多量の黄胡麻が付着し、景色を添える。もう半面は赤味を帯びており、独特の土味を見せる。

「さび助」という銘はその寂びた様子から付けられた。窯印は底に「六」と「C」と刻まれている。内箱蓋表と蓋裏に「備前　さび助」「古織部殿　御持料」と記してある。古田織部所持の後、八幡瀧本坊松花堂昭乗、酒井雅楽頭、松平不昧らのところを転々とする。

備前緋襷茶入　銘雷神

桃山時代

高さ 八・五センチ
胴径 八・六センチ
㈶林原美術館蔵

落ち着いた端正な姿と緋襷の鮮烈さが響き合う名品。備前茶陶の全盛期の桃山期には、茶入は比較的多くつくられ、今に伝わっている。しかし、緋襷のものは少なく、さらにこの作品のように美しい焼け成りのものは希少である。

茶入は茶器の中でもつくるのが最も難しいといわれる。その風格いかんによって、茶席の雰囲気を盛り上げるか否かの決め手になるからだ。この茶入の見事さは風格、気品、雅味……いずれを欠くことなく一つの器の中に包み込んでいるところ。

鮮やかで見事な緋襷だが決して自己主張することなく、また肩の張りもおだやかなラインを描く。全体にゆったりと丸っぽく泰然自若としたふうであり、土味のあたたかさも伝わる茶入である。

「雷神」という銘は、白い地肌を縦横無尽に走る緋襷が、稲妻を思い起こさせることから付けられたのであろう。底に△⃝の窯印がある。

備前緋襷大皿

桃山時代

高さ　八・八センチ
径　五〇・八センチ
香川県香川郡直島町直島沖海底遺跡出土
岡山県立博物館蔵

香川県高松市の北方十キロほど沖合に浮かぶ直島からの海揚がり。この海底遺跡からは、およそ三百点の桃山時代の備前焼が引き揚げられたと推定されている。

伝世品の少ない古備前の中にあって、同時期のものが大量に、しかも多くの優品を含めて発見された意義は大きい。古備前の時代区分もこの海底遺跡からの遺物により可能になった。

大皿は十点前後揚げられたが、この「備前緋襷大皿」はその中でも最も緋襷が美しい作品として知られる。全体として桃山期の作品らしい瀟洒《しょうしゃ》な感じを与える作品である。豪快に轆轤水挽きされてつくられており、五〇センチを超える径の割には口縁の玉縁が小さいのが特徴。桃山時代にこのような大皿を焼いた窯は、日本では他に見られない。

裏には、机や畳に傷を付けないよう配慮がなされたのだろうか、塗り土が施されている。窯印は「叶」と篦彫りされている。

備前馬盥四足大鉢

桃山～江戸時代

総高 一三・二センチ
口径 五〇・〇センチ
底径 四二・〇センチ
岡山シティミュージアム蔵

馬盥は「ばたらい」「うまだらい」と読む。もともとの意味は馬を洗う盥のことである。生け花の源氏流創始者の千葉龍卜は自著「源氏活花記」（一七六五年）の中で「有合たる馬のたらいにくつわを入、花をとめしも風雅なる事」と述べている。戦国時代、有り合わせの馬盥に花を生け、陣中での心安めとしたことは風雅なことであるという意味である。以来、馬盥形の陶器が生け花の水盤として使われたようだ。

備前地方では伝統料理「祭りずし」を盛り付けるのに揺輪《ゆりわ》と呼ばれる浅い桶が用いられた。この大鉢はその揺輪をそっくりそのまま備前焼でつくったもの。より高級感を出そうとしたのか、高級な漆製品の揺輪に似せて足が付けられている。

すし桶として用いられたのか、あるいは水盤として用いられたのかは定かでないが、見込の牡丹餅《ぼたもち》といい、降りかかった黄胡麻といい、全体に風雅な味わいを醸し出している。

備前手鉢

桃山時代

高さ 一三・五センチ
長径 二六・七センチ
個人蔵

「牡丹餅」が見事である。備前焼で牡丹餅と呼ばれる窯変は、作品の上に他の小作品を置いて焼成した場合に生じる。この作品でも五個の小品が載せられて焼かれている。見込全体にかかった黄胡麻が、牡丹餅の赤褐色をいっそう引き立て美しい。このように黄胡麻がかかるのは大窯時代の特徴である。

器形は分銅形と呼ばれる優美なフォルムで、その鉢本体に上品な取っ手が付く。その表面には一本の篦目が入れられており、また鉢の周囲にも擂り鉢に見られるようなひだが施され、ともにアクセントとなっている。

黒色に近い焼き色は、伊部手技法による。伊部手とは塗り土を施したもので、鉄分の多い粘土を水に溶いて成形した作品の上に塗り乾燥・焼成する。そうすることで、土味物より暗い褐色に焼き上がり、光沢を生む。

窯印は、見込中央と外底部中央に、同じ「㋕」の印が捺されている。

備前木ノ葉形皿

桃山〜江戸前期

総高 五・八センチ
最大幅 二六・二センチ
岡山シティミュージアム蔵

　木の葉をかたどった皿。長径二六センチと、結構大きなものである。この木の葉形皿は岡山シティミュージアムが所蔵する木村コレクションの一つ。同コレクションは、実業家木村誉平《たかへい》が収集した四百四点の古備前から成る。時代は桃山期から江戸前期を中心に、中世から近世にわたる。特に茶陶の優品ぞろいとして知られ、一九八三（昭和五十八）年に岡山市に寄贈された。

　器形は、葉身が七つに浅く裂けた形状をしており、太めの葉脈が浮かび上がっている。しっかりと焼き上げられた茶褐色の器肌に黄色の胡麻が上部全面にかかっている。木の葉形の皿は大小さまざまのものが伝世しており、当時、かなりつくられたのであろう。

　このような木の葉形の皿は西洋ではあまり見られない。日本では古来、椎や椿、柏などの葉が食器代わりに用いられたこともあり、今も備前焼に限らず各地の窯場で木の葉形の皿がつくられている。窯印はない。

備前芋形徳利

桃山時代

高さ 二七・四センチ
胴径 一六・五センチ
香川県香川郡直島町直島沖海底遺跡出土
岡山県立博物館蔵

香川県の直島沖の沈船から引き揚げられた海揚がり。伊部から備前焼を積んで、瀬戸内海を九州方面へ向かったのであろう。この遺跡からは、およそ三百点の桃山時代の備前焼が引き揚げられたと推定されている。そのうちこの芋形徳利と同形のものが数点見られる。

そのなかで最も出来のいいのがこの作品。紐《ひも》づくりと轆轤水挽きの技法を併用して制作されており、大振りでずんぐりとした長円形の器形から「芋形」と名付けられた。体部は左右が不均衡で、とぼけたような雰囲気。一方、口縁部はシャープに整えられており、その対照的なフォルムがいっそう上品なおかしみを生じさせる。

胴部の赤い抜け肌の周囲に黒いこげが見られるが、これは丸口の作品の上に横向きに載せられて焼かれたため。この遺跡の遺物に特有の特徴で、重ね焼きの八寸皿などにも見られる。胡麻もあまりかかっておらず、さほど灰がからない場所でじっくりと焼き込まれたのだろう。

備前緋襷大徳利

桃山時代

高さ 三〇・五センチ
口径 九・二センチ
胴径 二二・五センチ
底径 一六・二センチ
岡山県立博物館蔵

高さが三〇センチを超える大振りな徳利である。白い地肌に目にも鮮やかな緋襷が風に吹かれた雨だれのように走る。おそらく特別な茶会などのために焼かれたものであろうか。大阪の豪商鴻池家に伝来したもので、桃山後期の作とされる。

器肌はきめ細かく、匣《さや》または大型の器の中に入れて完全な蒸し焼きにされたものと思われる。地肌の白と緋襷の赤とのコントラストが鮮やかで、これほど優雅な美しさを見せる徳利も珍しい。胎土は鉄分の少ない備前土が精選して用いられている。

器形はふくよかな棗《なつめ》形の胴部に、やや外反り気味に紅色の頸部が立ち上がる。口縁部も力強く張り出し、全体を引き締める。胴部にはくっつき痕が一カ所あり、それがまた絶妙なアクセントを与えている。海外の展覧会にもたびたび出陳された名品の一つ。底面に「上」の窯印が見られる。

伊部の町を歩く

江戸期の面影を残す古い町並みの中に、レンガの煙突がのぞき、煙がたなびく――。備前焼誕生から八百年間、その伝統を守り続けた備前市伊部地区。週末ともなれば、陶芸ファンでにぎわうこの町は、北に霊山として知られる熊山、南に大平山と、二つの山塊にはさまれた谷あいの町です。近世には山陽道が通り、現在は鶴首のように細まった集落を国道二号とJR赤穂線、山陽新幹線が通り抜けています。

JR伊部駅に降り立つと、国道二号をはさんで駅前からまっすぐに伸びる広い「駅前通り」が見通せます。窯元「桃蹊堂」の赤いレンガの煙突が「や

JR伊部駅側から見た駅前通り。普段はのどかな雰囲気だが、備前焼まつりの際には半円状のアーチが掲げられ、通りは観光客で埋め尽くされる

きものの里に来た」という印象を与えてくれます。この通りの突き当たりが、旧山陽道。東西に走るこの道筋に沿ってギャラリーや窯元が立ち並んでいます。

軒下のショーウインドーには、胡麻のかかった大きな壺や緋襷の大皿、花を生けた花器が飾られ、通りが丸ごとミュージアム。路地に入ると、陶片を重ね合わせた土塀、積み上げられた松割り木、屋根の上に置かれた十二支のやきものなど、陶郷らしい独特の雰囲気をたたえています。現在は鉄筋コン

町全体がアート・ギャラリーの雰囲気。絵になる風景がそこここに。
屋根を飾る十二支のやきものを見つけながらのんびり散策しよう

国の史跡「西大窯跡」付近から見た陶郷らしい風景。赤レンガの煙突が林立する。手前は備前焼作家の矢部篤郎氏の自宅兼工房

クリートのモダンな店舗も増えましたが、格式の高い純和風の店舗より入りやすいためか、若い観光客などでにぎわっています。

さらに通りを西へ歩くと、不老川に。一帯は、岡山県が一九八六（昭和六十一）年に親水公園として整備。川の両側は石が敷き詰められ、川幅に変化をもたせながら、川を渡れるように飛び石や木橋が巧みに配置されています。涼しげなせせらぎを遡れば、平安時代末に備前焼が生まれた山懐へ。

伊部橋近くには、通称「西のお宮」と呼ばれる履掛《くつかけ》天神宮があります。ここは、菅原道真が太宰府へ左遷される途中で立ち寄ったとの伝説が残る神社。鳥居の両隣には備前焼の狛犬が鎮座。昔ながらの陶芸の里を見たい方は、さらにここから西へ進み、国指定史跡「西大窯跡」付近へ。鄙びた風景の中に何本もの煙突から立ち上る煙がたなびき、知る人ぞ知る隠れたおすすめスポットとなっています。

履掛天神宮参拝後は東の天津《あまつ》神社へ向かってみましょう。備前焼の狛犬に守られた鳥居をくぐり境内を奥へ進む

豊かな緑とせせらぎが快い不老川。伊部の町にしっとりとした情感を与える。左は岡山県重要無形文化財保持者であった故伊勢﨑満氏が土と格闘し、また遊んだ工房兼自宅

と、備前焼瓦で屋根を葺かれた美しい門があります。そこをくぐって石段を上るとその脇に、作家や陶工の角陶板がずらり。その数約百八十枚。神社の裏には、江戸時代の共同窯跡「伊部北大窯跡」（国史跡）や物づくりの神をまつる忌部神社があり、近くの展望台からは、伊部駅南側の「伊部南大窯跡」（国史跡）付近を望むことも。

最後に、伊部駅に戻り、駅と一体となっている備前焼伝統産業会館へ。同館二階では、岡山県備前焼陶友会所属作家・窯元の作品がフロアいっぱいに展示、即売されています。隣の岡山県備前陶芸美術館では、歴代の人間国宝五人の逸品を一堂に展示。桃山から江戸時代にかけての貴重な古備前を見ることもできます。

天津神社の備前焼瓦。晩秋には、紅葉が屋根に映えて美しい

備前焼まつり

一九八三（昭和五十八）年から始まった備前焼まつりには、掘り出し物を求めて岡山県内外から毎年十数万人が訪れます。十月第三日曜日とその前日の土曜日に開催され、人気作家の作品が入った福袋の販売のほか、轆轤の実演や土ひねり体験、茶席など多彩なイベントが楽しめます。

両日ともＪＲ赤穂線「伊部駅」周辺が歩行者天国となり、岡山県備前焼陶友会所属の作家・窯元が制作した食器や花器、置物など約四十万点が通常の二割引きで販売されます。

開催日程やプログラムなど詳しい情報は、岡山県備前焼陶友会（☎０８６９

期間中は茶席（天津神社境内など）が設けられ、備前焼の器でお茶を楽しめる。地元のかわいらしい子どもたちもお茶子さんとして活躍

ー64ー1001）のホームページに掲載されます。宿泊情報などもありますので、ご覧ください。

お気に入りの作家の作品や掘り出し物を求めて、人の波が終日続く

会場全体で約40万点もの備前焼が販売される

「土ひねり」会場では、備前焼作家が優しく手ほどき

備前焼小町のお嬢さんが笑顔で歓待

備前焼を楽しむ

備前焼は高い、というイメージはありませんか。確かに他の窯場の器と比べて決して安くはありません。そのためせっかく購入しても、箱に入れたままの人も多いようです。でもこれでは何のために買ったのか分かりません。

備前焼の最大の特徴は土味です。この独特の風合いは使い込むほどに色艶が増し、肌触りもよくなってきます。「備前焼は育つ」器なのです。

私たち日本人は毎日、ご飯を食べる時にお茶碗を手に持ちます。食器を手にしながら食すというスタイルは西洋にはありません。だからこそ手になじんだ食器で味わいたいものです。

備前焼の手鉢には、みずみずしい果実がよく似合う

花を生けても、食材を盛っても、あるいは酒やお茶で来客をもてなす場面でも、備前焼は決して出しゃばりません。むしろ主役を生かします。

それは備前焼の持つ未完の美のせいではないでしょうか。隙のない完成美もいいですが、それはいっぱいいっぱいの美。余韻に乏しい。何となく物足りないところを補うのが、花であり料理。そして何より使い手自身の感性なのだと思います。

酒器としても茶器として用いても、それだけで独特の存在感が漂う

本格的な花器でなくても草花を生かす備前焼。コーヒー茶碗や湯呑みを利用しても手軽に楽しめる

特別史跡 旧閑谷学校

江戸時代に建てられた、岡山藩直営の庶民教育のための学校です。国宝の講堂をはじめ、聖廟や閑谷神社などほとんどの建造物が国の重要文化財に指定されています。樹々や花々が四季折々の彩りを見せ、訪れる人を楽しませてくれます。

岡山県青少年教育センター 閑谷学校

特別史跡「旧閑谷学校」の環境と伝統を保護・継承するとともに、心身ともに健全な青少年を育成することを目的として、昭和40年4月に設置されました。現在では、生涯学習の場として利用されています。

公益財団法人 特別史跡旧閑谷学校顕彰保存会
〒705-0036 岡山県備前市閑谷784(岡山県青少年教育センター閑谷学校内)
TEL(0869)67-1427 http://shizutani.jp

開門 9時~17時　休館日 12月29日~31日

史跡受付 TEL・FAX(0869)67-1436

備前市観光協会 岡山県備前市東片上230
TEL(0869)64-2885 FAX(0869)63-1200
http://www3.ocn.ne.jp/~bizenst/

備前焼窯元
小西陶古
陶芸家
小西陶藏
備前市伊部640
TEL（0869）64-2210
FAX（0869）64-1578

備前焼の里から
世界へ―
備前焼の瓦が美しい
国宝・旧閑谷学校講堂
備前バス
備前トラベルネットワーク
備前トラベルハイヤー
タクシー・バスのご用命は…
備前市伊里中578-1
TEL 0869-67-1555
日生運輸株式会社
CERAMIC COUNTRY

第二章 備前焼の歴史

備前焼前史

世界最古級の土器

　現在、世界最古の土器の一つに日本の縄文式土器が数えられる。津軽半島北東部の大平山元《おおだいやまもと》Ｉ遺跡（青森県外ヶ浜町）から出土した無文の土器片は、放射性炭素年代測定法によると、およそ一万六千五百年前のもの。日本史時代区分でいえば、縄文時代草創期にあたる。二〇一二（平成二十四）年に中国・江西省の洞窟遺跡からより古い約二万年前のものとされる土器が発掘されたものの、この時期にヨーロッパやアフリカ、中東などの地域に先駆けて、東アジア各地で世界最古期の土器がいち早く同時並行的に出現したのは確かである。

　縄文式土器は窯を使わず、野焼きで六〇〇度から八〇〇度という低火度で焼き固められる。素焼きのため多孔質で赤褐色をしており、軟質なのが特徴。縄目の模様や、隆起線文が器肌を曲線や直線で、あるいは渦巻いて走るプリミティブな表現でも知られる。炎を表現したような複雑な飾りを持つ「火焔土器」は歴史の教科書でもおなじみ。実用性より造形美を重んじた縄文人の精神文化がうかがえる。

　次の弥生時代になると、縄文式土器よりシンプルな形で実用性の高い弥生式土器が現れる。素焼きの土器であることは縄文式土器と同じだが、藁《わら》や土をかぶせて焼くことでより高い温度で焼いたのではないかと考えられている。

　もっとも技術面では、ほとんど差異はないといえる。縄文・弥生を通して一万年以上も土器の時代が続いたにもかかわらずガラス質の釉薬《ゆうやく》の使用などは認められないのである。釉薬が中国では約三千五百年前、西アジア、エジプト地域の古代オリエントでは六、七千年前に開発されているにもかかわらず。

表１　やきものの種類

種類	焼成温度	代表例	特徴
土器	600～800℃	縄文式土器 弥生式土器　土師器	野焼き。多孔質で吸水性が高く、軟質でもろい。無釉で、赤、褐、淡黄、黒色。
陶質土器	1000℃以上	須恵器	窖窯を使用。土器より硬質で、自然釉がかかることも。
陶器	1100～1300℃	瀬戸焼　伊賀焼 大谷焼	土器より耐水性があり硬質。釉薬は人工的にかけられたものと、自然釉がある。
炻器	1100～1300℃	備前焼　常滑焼 信楽焼　丹波焼	土器・陶器より耐水性があり、より硬質。釉薬は人工的にかけられたものと、自然釉がある。
磁器	1300℃以上	有田焼　九谷焼	最も硬質で、素地は白。吸水性はほとんどない。わずかに透光性があり、叩くと金属的な音がする。

開発されなかった釉薬

世界で最も早く土器を生みながら、なぜ日本では釉薬の発明に至らなかったのだろうか。弥生時代には銅矛や銅戈、銅鐸など青銅器が鋳造されており、鉱石を精錬する技術があれば釉薬も開発できたはずなのだが。なぜなら釉とはひと口で言うとガラス質であり、坩《る》堝《つぼ》で鉱石を精錬すれば、鉱石中の長石などが溶けてガラス化する。坩堝の底にはそうしたガラスが溜まったものと思われるが、それをやきものの表面に利用したものが釉であるからだ。

洋の東西を問わず、やきものには粘土が使われる。粘土の中には純粋な粘土分に混じってガラス質の長石や珪砂などが含まれる。それを高温で焼くことにより、粘土中のガラス質が溶けて粘土の粒子を結び付けて固く焼き締まる。より硬いやきものをつくるためには、陶土中のガラス質分を多くし、より高温で焼けば磁器のような硬質のものができあがる（**表1**）。これがやきものの原理。これを応用したのが釉薬で、意図的にガラス質となる成分を器

大平山元Ⅰ遺跡から出土した土器片（青森県立郷土館蔵）

にかけて焼くことで、表面がコーティングされ光沢を帯びた器ができあがる。もちろんガラス質で覆われているため、水を透さない。

釉薬は古代エジプトで発明されたとされる。その発生はおそらく自然釉だったと考えられる。自然釉とは、窯を焚く燃料の薪の灰が器表面に付着し、それが器の素地に含まれる珪酸分などと反応し、溶けてガラス化したもの。大雑把な言い方をすれば、千二百五十度を超える高温の中で土と灰が結び付けばガラスになる。それに着色用に微量の金属や顔料が加わると釉薬になる。この釉薬の発明により、やきものに色を着けることが可能になったのである。

例えば鉄分を少し含んだ釉薬をかけて酸素を十分に供給しながら焼くと鉄分が酸化して褐色に発色し、逆に酸素を少なめにして焼くと鉄分の酸素が奪われて青白く発色する。着色顔料としては、鉄のほかに、銅やマンガン、コバルトなどの金属類、木灰や藁灰なども使われる。これら釉薬の成分は溶ける温度が異なり、また量、焼成温度により質感の異なるやきものを生み出すことができるのである。

縄文時代も弥生時代も焼成は野焼き。次の古墳時代には朝鮮半島から窖《あな》窯が伝わり高温焼成が可能になった。しかし、それでもなお釉薬は日本では開発されなかった。

日本で釉が使われ始めたのは、七世紀後半。まず緑釉が生み出され、次に奈良三彩、そして平安時代の灰釉や猿《さ》投《なげ》窯の緑釉へと続く。その後、いったん消滅し、鎌倉時代に再び灰釉が復活。本格的に施釉陶が広がるのは十三世紀初めだが、中国や古代オリエント地域と比べてかなり遅かったといえよう。しかし、この遅れが無釉焼き締めの備前焼を生んだ要因の一つともいえるのである。

コラム1 西洋のやきものにあって、和ものにはないもの

なんだと思いますか。答えは持ち手。コーヒーカップには持ち手がありますが、湯呑みにはありませんよね。これは西洋の器の多くが磁器だからです。磁器は陶器より高温で焼き締められるため、硬度も陶器より高くなります。硬度が高いということは、粘土の粒子がより密につながりあっているということ。そのため薄くても堅牢に焼き上がります。

一方、陶器は粘土の結びつきが磁器より粗であるため、その断面を比べると空気の穴がたくさんあります。当然、肉厚です。でもこの空気穴のおかげで熱が伝わりにくくなり、手で器を直に持って飲めるのです。試しに磁器のコーヒーカップに熱いお湯を入れて手で持ってみてください。おそらく熱くて持てないと思います。西洋のやきものに持ち手があるのはこういう理由からでしょう。陶器の国の日本と、磁器の国の西洋との伝統の違いがこうしたところにも表れています。

備前焼のルーツ

古墳時代になると、土師器《はじき》、須恵器《すえき》が登場。土師器は弥生式土器の流れをくむもので、黄褐色から赤褐色をした素焼きの土器。野焼きで、酸化炎によっ

て八五〇度前後で焼かれた。ほとんどの土師器では、まだ轆轤《ろくろ》や窯の使用はみられない。

一方、須恵器はそれまでの日本固有の土器製作の流れを一新。五世紀、日本へは朝鮮半島や大陸から多くの渡来人が移り住んだ。『日本書紀』雄略天皇七年の条には「天皇、大伴大連室屋に詔して東漢直掬《やまとのあやのあたいつか》に命せて、新漢陶部《すえつくりべ》高貴、鞍部《くらつくりべ》堅貴、畫部《えかきべ》因斯羅我、錦部《にしごりべ》定安那錦、譯語《おさ》卯安那等を、上桃原、下桃原、眞神原の三処に遷し居らしむ」との記述があり、朝鮮半島から専門技術を持った職能者が渡来し、須恵器や馬具づくり、絵画・彩色、土木、機織、通訳・翻訳、農業、製鉄、養蚕など、新しい技術をもたらしたことが分かる。

窯もその一つ。当時の窯は窖窯で、丘陵の斜面に細長い溝を掘り、粘土で側壁と天井部を築いた地下式、または半地下式のもの。斜面に細長いトンネルが横たわった感じ。野焼きと違い熱が逃げない。この窖窯を用いることではじめて一一〇〇度を超える高温を維持し、より硬く焼き締めることが可能になった。色調は青灰色から暗灰色。酸素の少ない還元焼成のため粘土中の鉄分が酸化しないためだが、窯による高温焼成は自然釉も生む。

また築窯技術とともに轆轤という成形技術も渡来人によって伝えられた。これにより大きさの均一化された須恵器を効率よく大量につくることも可能になった。今も全国各地に須恵、須江、陶、末と、いずれもスエとよまれる地名が残るが、その多くが須恵器に由来する。かつての産地だったのであろう。こうして各地に築かれた須恵器窯が、後の六古窯の母体となっていく。窯、自然釉、轆轤――須恵器が備前焼のルーツといわれるゆえんだ。

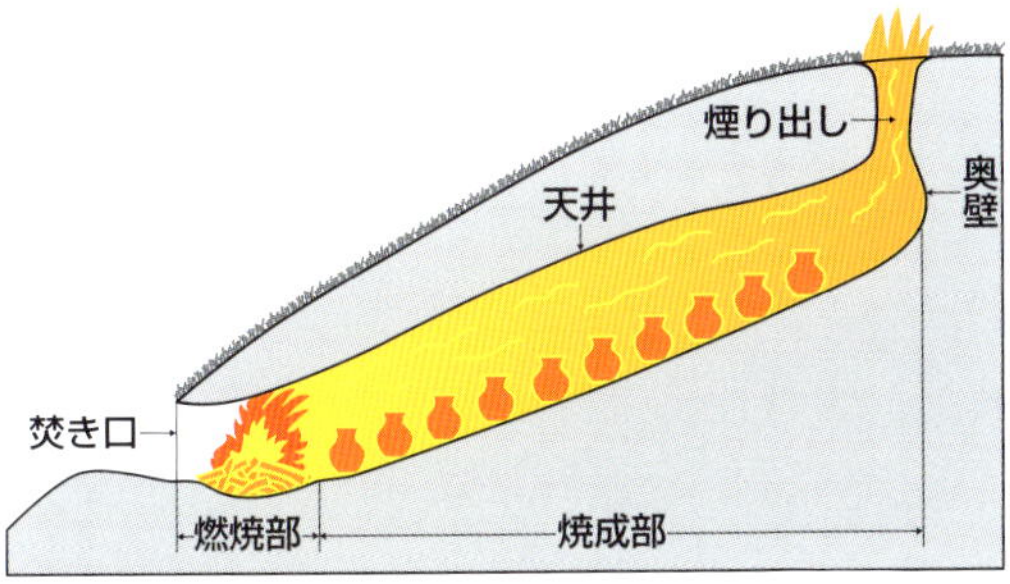

窖窯の構造

岡山の須恵器生産

須恵器の産地としては、最初期の窯跡として大阪・泉北丘陵の陶邑《すえむら》古窯跡群が知られる。畿内以外でも、愛知、福岡、香川など各地で生産された。旧備前国も主要な須恵器の産地として知られ、平安時代初期の諸制度などをまとめた「貞観式」（八七一年施行）には、鉄や塩と並んですでに備前国からの貢納品として記されている。また「延喜式」（九六七年施行）には、備前国が大和・河内・和泉・播磨・美濃・讃岐・筑前などの須恵器貢納国中で最も高い生産量を誇る産地として挙げられている。

旧備前国のエリアで須恵器が生産されたところとしては邑久《おく》古窯跡群が挙げられる。現在の瀬戸内市全域から備前市にまたがる地域に分布する須恵器

7世紀後半ごろの須恵器。緑色の自然釉が彩りを添え、丸い文様は備前焼の牡丹餅を思わせる（瀬戸内市教育委員会蔵）

国指定史跡・寒風古窯跡群（瀬戸内市牛窓町長浜）の発掘風景（写真提供 / 瀬戸内市教育委員会）。7世紀後半から8世紀初頭の窯跡内部から出土した鴟尾の破片

生産の一大拠点。古墳時代後期から平安時代末期に至る百三十基を超える窯跡が確認され、この地域が中四国地方最大級の須恵器生産地であったことが分かる。

中でも邑久古窯跡群の最南端に位置する寒風《さぶかぜ》古窯跡群（瀬戸内市牛窓町長浜）は最大規模を誇る。飛鳥時代を中心と する七世紀から八世紀初頭までの約百年間にわたり、杯や甕《かめ》、高杯《たかつき》、平瓶《ひらか》、長頸壺、鉢などを生産。そのほか土師質の陶器の棺「陶棺」や、寺院の屋根を飾る鴟尾《しび》、官衙などで使われる硯などもつくられ、その政治・文化的な特徴からこの窯場が官公的な色合いの濃厚な施設であったことを物語っている。中央政権との結びつきが強かったのだろう。現在、全長十メートルを超える五基の窖窯が確認されており、一九八六（昭和六十一）年に国の史跡に指定されている。

備前焼誕生

平安時代末～鎌倉時代

須恵器から備前焼へ

古代の律令体制が崩れ、庶民が庶民のつくった商品を流通させる中世という時代が始まろうとしたとき、やきものでは常滑（愛知県）、渥美（同）、瀬戸（同）、美濃（岐阜県）、越前（福井県）、加賀（石川県）、信楽（滋賀県）、丹波（兵庫県）を中心に全国の産地は大発展をとげようとしていた。

一方、備前国の須恵器生産は、律令体制の崩壊とともに貢納先を失い衰退の一途をたどり始める。かつて日本有数の須恵器生産を誇った産地も、現在の備前市伊部より少し南の邑久郡磯上保油杉（現瀬戸内市長船町磯上）などで細々と生産されるに過ぎなくなった。やがて邑久の工人たちは、備前の霊峰・熊山（五〇七・八メートル）の南に広がる香登荘《かがとのしょう》＝備前市西部＝へ移住。権力の頂点である院政と関係が深く、その大荘園の庇護を求めて、山を一つ越え土や燃料が豊かなこの地へ移ったと考えられている。また海運の大動脈・瀬戸内海の入り江（片上湾）が東に、西には吉井川が流れ、地理条件の良さもあったのだろう。初期備前焼は平安時代末、この地伊部《いんべ》で誕生する。

中世の備前焼と古代の須恵器との大きな差異は、須恵器が調貢用として特権階級のいわばステータスシンボルとして生産された色合いが強いのに対して、備前焼は庶民の日用雑器として生産された点にある。常滑や渥美、丹波など古代の須恵器の産地は中世の到来とともに政治・経済の新しい波に乗り、須恵器の段階から脱皮し、瀬戸や常滑のように釉薬を用いたやきものを生み出していく。窯は大量生産に応じるように大型化し、生産されたやきものを商品として「流通」させる集団も組織化させていく。

　そのような大きな社会変動の中で、伊部の工人たちは伊部周辺の山麓に前代の須恵器窯と同じ半地下式窖窯を築窯。この半地下式窖窯とは、山の斜面に十メートル前後の細長い溝を掘り、粘土で側壁と天井部を築いたもの。燃料が多くいる割には焼け具合にむらを生じ、効率の悪い窯といえる。しかし、備前焼の窯変美はこの窖窯によって生み出され、後の時代に「備前焼の生命は窯変にあり」と賞されるようになるのである。

　窖窯という形式は、備前焼の歴史の中で、高温焼成を容易にするために床面の傾斜が急になったり、大量焼成のため幅広い天井部を支える支柱が付けられたりするなどの変化はあるが、ずっと後代まで続く。現在、初期備前焼の主な窯跡として確認されるのは、大ヶ池南窯跡、池灘窯跡、大明神窯跡、姑耶山上窯跡など二十数基。伊部の工人たちはこの窖窯による燻《くす》べ焼き還元炎焼成で、瓦や碗、皿、壺、鉢、大甕などを少量生産した。器種としては須恵器時代とほとんど変化は見られない。

　碗・皿類の底は糸切りの平底のものが多く、鉢にはまだ櫛《くし》目などの条線もない。捏《こ》ね鉢か万能容器として使用されたのだろう。甕は口縁部が水平または外反ぎみの丸止めで、底が丸底風なものも。瓦は、裏面が格子または平行のたたき目となっており、熊山遺跡で出土するものと同形。いずれも灰白色のうえ、素材の粘土も比較的上質で細かい。現代人から見れば、その焼き成りは備前焼というよりむしろ須恵器に近い。

　この時代、岡山県下では、備中の亀山焼、美作の勝間田《かつまだ》焼、隣国の播磨では魚住焼（兵庫県明石市）、南には讃岐の十瓶山《とかめやま》焼（香川県綾上町）など、各地で須恵器後裔の窯が煙を上げていた。備前焼は四方を有力な窯場に囲まれ、外に出にくかったのだろうか。備前窯の生産高は低く、消費地の遺跡からの出土例もわずか。中国・近畿地方で十数カ所が知られているのみ。百間川遺跡（岡山市）、草戸千軒町遺跡（広島県福山市）など、集落の遺跡からが主で、大甕や壺が出土している。

　律令体制に強く組み込まれた一大窯

コラム2

備前焼草創期の窯跡

二〇一一（平成二十三）年、伊部西大窯跡（備前市伊部）周辺の窯跡群で、備前焼草創期とされる平安時代末から鎌倉時代初め（十二世紀後半〜十三世紀前半）の窯跡が確認されました。

　この窯跡は南北朝時代の窯跡に隣接して出土しており、全長約十メートル、幅約二メートル。斜面を溝状に掘って粘土でドーム状に覆う半地下式窖窯で、幅がやや広い以外は、須恵器窯そのものといえる構造をしていました。

　窯跡の内外からは、須恵器と同じ灰褐色に焼けた小皿や碗、鉢、甕などの破片や瓦片が多数出土。備前焼のルーツとされてきた古代須恵器の窯とのつながりを直接裏付ける資料として注目されています。

備前焼草創期の窯跡（溝状の掘り込み部分）。手前側が窯の焚き口
（写真提供 / 備前市教育委員会）

備前沈線文壺（黒住教宝物館蔵）。13世紀につくられたもので、完形品の備前焼としては最古の部類に入る。須恵器に似た緑灰色の焼き上がりを見せる。初期備前焼の第一級資料（中村昭夫氏撮影）

業地だった寒風を引き継ぐ備前は、かえってそれが手かせ足かせとなり新しい時代の波に乗り遅れたのか。よほど打撃が大きかったらしく、その質からも、量の点で見ても常滑（愛知県）などに比べ立ち遅れていた。平安末期から鎌倉初期にかけて、ほかの中世窯のほとんどがすでに赤い発色の美しい焼き締め陶を焼いていたのに、備前は暗灰色の須恵器ふうの焼成で、本格的な商品経済がスタートした中で完全に遅れをとっていた。

しかし後に、出遅れた備前だけが常滑などの影響を受けることなく独自の方法で、実用に徹することで次第に遅れを取り戻し、市場を制覇。続いてやってきた「侘」「寂」という精神的な美を重んじる茶の湯の隆盛にもうまく適合し、やがて孤高の備前は最下位からドラマチックに頂点に立つのである。

初期備前焼の発展

鎌倉中期になると、貨幣経済の浸透、商品流通の活発化、村落の形成と急速に社会の変化が進む。この時期、備前の陶工たちは粘土と燃料を求めて、山麓からそれぞれの谷筋を北へ南へと遡ぼる。窯の形はあまり変わらないが、若干焼けに変化が見られるようになる。規模や傾斜などに工夫が施された結果だろう。

窯跡では合ガ淵窯跡、笹山窯跡、福田越窯跡、伊坂越窯跡などが知られ、窯数もいくらか増える。合ガ渕窯跡三窯のうち古い北窯は全長九・二メートル、最大幅一・二メートル、傾斜二〇度。窯数が増加したのは、諸産業の発達とともに、陶器に対する需要も増し、生産量を増やさざるを得なかったためと考えられる。この時代には、各地にあった須恵器系の窯はすでに衰微したところも多かったため、それもあって備前製品の需要が高まったと推測できる。

器種では瓦の生産がなくなり、碗や皿の比率も極端に減少する。甕は須恵器以来のたたき目を消し、また鉢から進歩した擂《す》り鉢には全国に先駆けて擂り目が入る。また壺や甕の口縁部が外反するようになり、中には初期的な玉縁状をなすものも現れる。土は前代よりもやや粗いものが使われ、全体に作りが雑に。その半面、実用性は高くなり、大衆雑器的傾向をさらに強める。焼けは依然として還元焼成だが、温度が高くなったためか黒味を増したり、中には備前焼特有の赤褐色のものも交じるように。備前焼が独自の姿を追求し始めたといえる。

しかし、この時期になっても、まだ消費地遺跡からの出土例はそれほど多くはない。全国で三十数カ所が知られる程度。とはいえ、各地にあった陶窯が衰退したため、当時幕府の置かれた鎌倉（神奈川県）や九州南部の川内（鹿児島県）など遠隔地の遺跡からの出土例も。これらの遺跡はすべて港湾を控えた集落、または生産活動の行われたところ。備前焼の出土品は窯跡からの出土状況と同じく、壺、擂り鉢、甕という主要三器種にほぼ限られていた。

鎌倉期後半の備前焼のシェアを、草戸千軒町遺跡を例にみると、全出土品のうち備前焼が占める割合はまだ三〇〜四〇％。十四世紀前半、南北朝の内乱のころには八〇％に急成長するが、ようやく波に乗り始めたといったとこ

吉井川下流から備前の霊峰・熊山を望む

ろか。それでもこの時期、備前焼を特徴づける、①堅く焼き締められた赤茶の器肌②製品のほとんどが壺、甕、擂り鉢の三種③壺、甕の口造りが玉縁、という三条件がほぼ満たされようとしていた。この段階で、中世窯としての備前焼は成立したといえる。

生活陶器の王者へ

鎌倉時代末～室町時代

備前の飛躍

　鎌倉時代末期から南北朝時代を挟み室町時代初期にかけて、窯の位置はさらに標高を増す。熊山山頂に近い海抜四〇〇メートル以上のところにも見られるように。灰や陶片を捨てた灰原の規模からすると、窯もやや大型化。窯跡も増える。

　その代表的窯跡のグイビ谷窯跡群（備前市伊部）はその一つ。この窯跡はJR赤穂線「伊部駅」の北西に位置し、一九六六（昭和四十一）年に発見、発掘調査された。遺跡は二基の窯からなり、いずれも全長十二メートル、最大幅一・四メートル。一号窯は鎌倉時代後期のもので、須恵器同様の還元焼成による青灰色の初期備前焼が主。一方、二号窯は南北朝時代の代表的な窯として知られ、出土する陶片は備前焼独特の赤褐色を呈している。

　二号窯の器種は、一部の例外を除いて壺、擂り鉢、甕の三種。器形は時代とともにかなりの変化を見せる。壺は口造りがやや外反気味で、口縁部は丸く折り返された玉縁。肩に篦、または櫛《くし》による直線文や波状文が一段または数段巡らされているものも。擂り鉢は立ち上がりに対して口縁部が直角に切られただけのものから、やや拡張を見せたり、外に傾く傾向を強めたものまである。甕は口頸部の立ち上がりがやや外反し、玉縁には折り返し幅の狭いものと広いものとが見られる。

　いずれも肉厚で堅く実用的なものばかり。焼けは酸化度を強め、赤褐色のものの比率が高い。胎土は、窯の築かれた場所にもよるが、山土単味のせいで砂っぽい質感。この古窯と同時期の出土遺物としては、和歌山県西牟婁郡白浜町の長寿寺境内から出土した備前焼大甕（破片）が知られる。紀年銘のある備前焼では最古のもの（暦応五年＝一三四二年）で、高さ約七〇センチ、口径約三八センチ、胴径約五八センチ。地肌は赤褐色で、口縁部は玉縁、肩には少し胡麻がかかる。年銘のほかに「香登御庄住人」、僧や魚の絵が線刻で描かれている。

　そのほか鎌倉時代後期の出土例として、妙本寺（岡山県加賀郡吉備中央町）

不老川を遡ったところにある鬼ヶ城上池からグイビ谷方向を望む。当時の窯はV字谷の山の斜面を利用して築かれた。熊山山中に無数に窯が築かれたのはそのため

長寿寺境内から出土した大甕（部分）。
上から「暦応五年　備州國の香登御庄」と書かれた部分、「僧の絵」、「魚の絵」

（写真上）発見された当時のグイビ谷窯跡群。現在は天井部が崩れ落ちてしまっている（中村昭夫氏撮影）
（写真下）熊山山中を歩くと、今も陶器片が無数に散乱している

妙本寺出土備前焼壺（妙本寺蔵）。岡山県指定重要文化財。妙本寺裏手の墓地を整理中、五輪塔群の地下から出土したもので、火葬骨の蔵骨器として使われたもの

若代出土備前焼壺（真庭市教育委員会蔵）。岡山県指定重要文化財。妙本寺出土の壺と同じく、蔵骨器として供せられた備前焼。真庭市若代の民家の石垣を修理中に発見され、五輪塔も同伴出土した

出土備前焼壺、若代出土備前焼壺（真庭市本郷）がある。妙本寺からは三十六個体、若代からは十八個体の蔵骨器がまとまって出土。この時代の商品販路の拡大、消費者側の経済力の高さを物語っている。いずれも岡山県指定重要文化財。

　この時期、備前焼の流通量は飛躍的に拡大し、その出土遺跡の範囲と量も増え、西日本を中心に百カ所以上にのぼる。北は福島県いわき市の番匠地《ばんしょうじ》遺跡、南は沖縄県今帰仁城《なきじんぐすく》跡でも出土。主な遺跡としては、相国寺旧寺域跡（京都市）、加茂遺跡（姫路市）、須内遺跡（岡山県真庭市）、若代墳墓遺跡（同）、妙本寺墳墓遺跡（岡山県吉備中央町）、水ノ子岩海底遺跡（香川県小豆島町）、西禅寺境内遺跡（愛媛県大洲市）など。鎌倉時代後期に伊部地区に付け替えられた山陽道を通って、あるいは瀬戸内海の水運にのって、地元の寺院や一般庶民はもとより西日本各地の集落だけでなく、城館や名刹へも搬出された。

海揚がり備前

　特殊な遺跡としては、先に挙げた小豆島・橘港（香川県小豆郡小豆島町）の東六キロ沖合の水ノ子岩海底遺跡がある。播磨灘が広がる海面に数畳ばかりの広さで三つの岩礁が突き出しており、南北朝時代（十四世紀後半）、備前の港から紀州方面へ向かっていたとみられる備前焼の運搬船が、この岩に砕け散った。

　一九七六（昭和五十一）年、海底の記録映画撮影のためこの海に潜っていたダイバーが完器を含む大量の擂り鉢や甕、壺などのやきものが散乱しているのを発見した。引き揚げた数点を岡山県立博物館に持ち込み鑑定を依頼したところ、室町時代初期の「古備前」と呼ばれる陶器と判明。翌年、山陽新聞創刊百周年・山陽放送創立二十五周年記念事業の一環として、当時の松岡良明山陽新聞社社長を団長とする水ノ子岩学術調査団が組織され、岡山・香川両県の協力を得て本格的な海底調査が行われた。引き揚げ作業は、以前から水ノ子岩海底の写真記録などを行っていた中国写真総合センター、岡山海事などのダイバーたちが担当。水深二〇～四〇メートル、約百平方メートルの範囲から大量の備前焼の破片が引き揚げられ、沈没船の積み荷であり、運んでいた陶器は二トンに達したと推定された。

　調査の結果、海底から引き揚げられたのは、擂り鉢七十七個体、捏ね鉢二個体、大型壺六十八個体、中型壺二個体、小型壺一個体、特殊壺や各種甕類などのほか、大量の陶片。これらの製品は、轆轤盤の痕跡や擂り鉢の「おろし目」などから、工具を共用しない独立した工房で、最低十一人（最大三十人）の工人が製作した製品であることが判明した。また海底からは古備前だけでなく、五トン以上の川原石も見つかった。船底に置き、船を安定させるため重しの役目を果たすバラストだったとみられる。船体の破片は見つかっていないが、これらにより当時、大量の備前焼が大型構造船で海路搬出されていたことが証明された。

　その航路を推測すると、出港地は生産地に近い備前市の片上湾、目的地は

備前市西片上の茶臼山公園から望む片上湾。この港から
大量の備前焼が大型構造船に載せられ海路搬出された

小豆島小豆島町沖に顔をのぞかせる岩礁・水ノ子岩。
奥は水中発掘調査のために海上に固定された台船

海底からの引き揚げを待つ古備前

約600年の時を経て大気に触れる古備前と、引き揚げられたばかりの古備前

牡蠣殻の付着した擂り鉢（岡山県立博物館蔵）

蹲小壺（岡山県立博物館蔵）

捏ね鉢（岡山県立博物館蔵）。殻を薬品で溶かすと、備前焼の赤褐色がよみがえった

大型壺。胴の下部の緋色と、上部の黄褐色とが美しいコントラストをなす（岡山県立博物館蔵）

大型壺。見事な玉だれを見せる（岡山県立博物館蔵）

注口小壺（岡山県立博物館蔵）

南朝に近い紀州か。香登荘は八条院領の荘園であり、八条院（一一三七―一二一一）は鳥羽天皇の第三皇女であり、鳥羽上皇から所領を譲り受け、母の美福門院からも。その所領は二百三十カ所に及んでいた。南北朝時代、南朝方の最大の基盤は、ほかならぬ八条院領だったのである。

また、香登荘に隣接する和気荘（岡山県和気郡和気町）と新田荘《にうたのしょう》（岡山県備前市、同和気郡）など備前東部の荘園は吉野・熊野と深い関係があり、熊野をはじめ和歌山県の海岸部からは古備前がよく出土している。

さらに南朝は奈良県中部の吉野地域にあり、片上港と紀州を結ぶと水ノ子岩はその直線上に位置する。大量の備前焼を積んで紀州を目指した船が片上港を出港、その途上で水ノ子岩に座礁して沈没――。三好基之元ノートルダム清心女子大教授（中世社会経済史）は「備前は古代から海を通じて紀州と交流があり、南朝の皇室領も多かった。紀伊の熊野水軍や海運業者も武家主体の北朝より南朝の方が干渉されることが少ないため味方についたのだろう」と指摘している。

なお、〝海揚がり〟〝汐くぐり〟と呼ばれる古備前は水ノ子岩からだけでなく、一九四〇（昭和十五）年に陶守三思郎によって香川県の直島沖からも引き揚げられている。桃山時代の鶴首徳利、大平鉢などが海底から次々と姿を現したが、約三百点ともいわれるそのほとんどが骨董商や古備前コレクターなどの手により散逸してしまった。直島海底遺跡の船は、中・四国地方の西部か九州方面へ向かう途中で沈んだとみられ、一九一九（大正八）年にも引き揚げられている。このほか香川県高松市庵治沖や岡山の児島半島東端の米崎沖からも引き揚げられている。

生活雑器の王者

鎌倉―室町期、大型陶器についていえば、東日本は常滑焼が、西日本は備前焼が席巻していた。十五世紀には、備前焼は近畿、中国、九州と西国を制覇し、鎌倉など東国へも進出。発掘された消費地遺跡の数は市町村レベルの調査例を含めると千遺跡にも上るといわれ、その分布は北は北海道から南は沖縄まで広がる。

甕や壺、擂り鉢など、日常づかいの雑器の王者となった観があるが、次に文献史料中に現れる備前焼を見てみよう。最も有名なものとして、まず国宝の「一遍上人絵伝」（神奈川県・清浄光寺蔵）が挙げられる。この絵巻は、時宗の祖一遍智真の遊行の一生を絵と詞書で表したもので、全十二巻四十八段からなる。長さにすると約百二十メートル。十二巻の末尾に「正安元年己亥《つちのとい》八月二十三日　西方行人聖戒《じょうかい》記之畢、画図法眼円伊《えんい》、外題三品　経尹卿筆」とあり、一遍の十回忌にあたる正安元（一二九九）年に弟子の聖戒が詞書をつくり、絵師の円伊に描かせたものであることが分かる。

備前焼が描かれているのは「福岡《ふくおか》市《いち》」の段。福岡市とは中世備前国福岡荘内に成立していた市場で、現在の瀬戸内市長船町福岡を遺称地とする。山陽道に沿い、吉井川の水運にも恵まれ、山陽道随一の有力都市であった。戦国武将黒田氏の故知であり、孝高《よしたか》（如水、

神奈川県藤沢市の清浄光寺（遊行寺）が所蔵する国宝「一遍上人絵伝」（第4巻第3段　福岡の市の場面、部分）。中世の市場のにぎわいとともに、商品を売り買いする庶民の姿が生き生きと描かれている

官兵衛）が九州筑前に城を築いた際にその地を福岡と命名し、現在の政令市福岡市のルーツとなったことでも知られる。

絵巻では、河原の掘っ立て小屋で布や米、魚、干しダコ、鳥が売られ、画面全体から生き生きとした中世の市場の様子が伝わってくる。真ん中下部には、備前焼の甕がごろんと転がされている。甕自体が商品として売られているのだろうか。画面右の小屋では甕が三つ立てられており、中身は酒か油だったのか――。

記録として最古の備前焼が描かれた一遍上人絵伝から七十年余り後の応安四（一三七一）年、今川貞世（了俊）の紀行文「道ゆきぶり」にも福岡市は登場する。「家ども軒をならべて、民のかまどにぎはひつゝ。まことに名におひたり」――。さすがうわさ通りの繁栄ぶり、と讃えている。また貞世は福岡市の手前の香登を通った際に「さてかゞつというさとは家ごとに玉だれのこがめといふ物を作とところなりけり」とも書き記している。玉だれとは胡麻釉が完全に溶けて筋状に垂れたもの。

十四世紀後半から十五世紀にかけて、それまで長さ十メートルほどだった窯は、全長三十～四十メートルにまで巨大化する。そして当時内陸部へ深く入り込んでいた片上湾にほど近い三つの山（榧原山、不老山、医王山）の麓に集中して築窯される。これは南北朝時代に大窯の源が始まって本格的な大量生産体制に入り、室町時代に確立されていったことを物語る。それまで各戸で営んでいた複数の中小の窯が一つの大窯にまとめられ、窯大将によるマニュファクチュア的生産時代が到来したといえよう。大窯の誕生とともにやがて窯元制度も誕生し、桃山時代にさらに確固とした制度に確立されていく。

この激変がなぜ、どのように起きたのかは分かっていない。「家ごとに玉だれのこがめといふ物を作とところなりけり」といった専業の生産者集団で共同組織をつくった備前焼が、市場独占に向けて着実に力を蓄えつつあったころの一コマだったのであろうか。

また、水ノ子岩に備前焼が沈んでから数十年を経た文安二（一四四五）年。この年六月から十二月にかけ、備前焼の産地である伊部や方上（備前市片上）の船が「ツホ（壺）大小」を兵庫北関（現在の神戸港）へ向けて次々と運んでいる。その数、千二百十五個。うち大半を独占的に荷揚げしたのは、「二郎三郎」という兵庫の問丸（販売・運送業者）であった。

これらの記述が載っているのは、一九六四（昭和三十九）年に歴史学者の林屋辰三郎によって京都市内の古書店で発見された「兵庫北関入船納帳」。当時の社会構造や流通を知るうえでの第一級の史料で、ひと口でいえば、文安二年に瀬戸内海各港から兵庫北関へ入港した船から徴収した関銭帳簿。入港日、船籍地、積み荷、関銭、関銭の納入日、船頭、問丸の名が克明に記されている。この記録によると、入港したやきものの八五パーセントが備前焼。十五世紀半ばには、備前焼がこの地方の名産品であることがすでに遠くまで知れわたっていた。

もちろんその背景には、南北朝の動乱もこの情報伝播に重要な役割を果たしたものと推測できる。広域に伝播した商品や情報は、人々の生活を向上させるとともに、さらにその需要を増大させていく。南北朝の動乱は日本全土を混乱に陥れながらも、その代償として各地の文化を発見、交流させたといえよう。

大型化する窯

備前焼の発展段階に一大変化が起きた室町時代前期。かつては燃料や原料土を求めて窯業経営には不適な山をかなり分け入ったところにまで窯が築かれたが、この時期を境に山陽道沿いや片上湾岸の浦伊部に築かれるようになる。増大する需要に対してもはや窯の立地に燃料や原料土はさほど問題にならなくなったのだろう。それよりも搬出に便利な土地が求められたものと考えられる。窯の規模が全長四十メートル前後と一気に大型化したのもこの時期。ただし窯数はかなり減少し、その分相当長期間使用されたようだ。

この時期を代表する窯跡として、不老山トンネル東口窯跡（備前市伊部）が挙げられる。最終焼成時期が室町時代末期（十六世紀中頃）と推測される窯跡で、全長四十メートル、幅二・五～三・〇メートル。床面傾斜は一五度で、形態は半地下式窖窯。規模においてはすでに大窯に発展したといっていいものの、まだ窯印はなく、共同窯になっていないことを示している。この窯跡と灰原からリンゴ箱で約千箱もの大量の備前焼陶器片が出土。その八割以上が赤褐色に焼けた擂り鉢であった。

器種は前代とあまり変わりなく、壺、擂り鉢、甕の三種が主体。ただ室町時代を経過する中で、同じ壺でも大・中・小の各種がつくられるようになり、器形もバラエティー豊かに。壺は肩に付けられる波状の櫛目文が一般的になり、また双耳・三耳・四耳の付くものも。また擂り鉢では、その口縁部が徐々に上下に拡張され、強度と機能性を増している。同様に、大甕の口縁部も扁平な玉縁になり、やはり頑丈なものへと変化を見せている。焼け色はほとんどの出土品が赤褐色、または茶褐色。これは酸化焼成、つまり十分に酸素が供給されて焼かれたことを示しており、なじみのある備前焼独特の堅く焼き締められた赤茶色の器肌を見ることができる。大量生産の目的からか、土はますます粗っぽい土が使用され、しかも手早くつくられたようだ。

室町期の備前焼

この時代の代表的な備前焼として、千光寺（赤磐市中島）所蔵の備前四耳《しじ》大壺（8ページ参照）が知られる。堂々とした大型壺で、高さ六三・六センチ、胴径五一・五センチ、口径一八・二センチ。堅く黒褐色に焼き締まった器胎の口縁部から胴部にかけて、黄褐色の胡麻がたっぷり。胴の周囲には「石井原山之　橋本坊之　常住物也　歳次　福安元年三月廿三日　甲子　作者伊部村之　釣井衛門太郎（花押）」の刻銘。福安という年号は実在しないため、文安元（一四四四）年の作か。また、作者の「衛門太郎」は「兵庫北関入船納帳」の船頭衛門太郎と同一人物なのか、興味のわくところである。この壺には四つの耳が付いているが、おそらく中

現在の福岡の町並み（上小路）。町内の妙興寺には、黒田孝高の曾祖父高政、祖父重隆の墓と伝えられる墓石がある。孝高の子、長政が筑前52万石に封じられた際、黒田家の故地にちなみ城下町を福岡と名付けた

福岡に立つ碑
「福岡の市跡　一遍上人巡錫の地」

不老山トンネル東口窯跡の発掘風景

国南部から輸入された呂宋《ルソン》壺を模したのだろう。備前窯では、その生産量や販路が急成長し焼成技術も発達した南北朝時代から桃山時代にかけて盛んに耳付き壺がつくられている。

備前焼を出土する遺跡の範囲は前代とあまり変化はみられない。ほぼ関ヶ原から西のエリア。が、それぞれの地域からの出土例、および出土量は急激に増加している。遺跡数は約一千カ所以上にものぼり、備前焼が爆発的に普及をしたことを物語っている。主な遺跡としては、堺環濠都市遺跡（大阪府堺市）、根来寺坊院跡（和歌山県）、御着城跡（兵庫県姫路市）、富田城跡（島根県）、草戸千軒町遺跡（広島県福山市）、大内氏館跡（山口市）、見近島城跡（愛媛県）など。

城館や集落、墓地、沈船などの遺跡からは必ずといっていいほど出土し、特に時代背景を反映してか、山城からの大甕や擂り鉢の出土が注目される。室町時代、鎌倉時代のトップブランドだった常滑焼の甕や、東播（播磨東部）系の鉢を備前焼が駆逐したことは明らか。西日本における生活陶器の押しも押されもせぬ王者になったといえよう。現在でも、島根県や山口県、広島県、香川県、愛媛県などに擂り鉢のことを「かがつ（香登）」と呼ぶ地域がある。近世には、東国に擂り鉢を「かがつ」と呼んだ地域があったほど。

窯の大型化や、大甕に個人名を刻む例が出たこの時代。刻まれた名は、備前陶工たちのやきものづくりへの誇りを示した自立宣言といえるだろう。

茶の湯と備前焼

ところで現在では備前焼といえば茶陶を連想される方も多いが、当時はどうであったのか。この時代の文献史料を見ると、備前焼と茶の湯との関係を示すものも現れている。侘び茶の開祖、村田珠光《むらたじゅこう》（一四二三―一五〇二）がその弟子古市澄胤《ふるいちちょういん》（一四五二―一五〇八）に与えた遺文「心の文」には「当時　ひゑかるゝと申て　初心の人躰か　ひせん（備前）物・しからき（信楽）物なとをもちて　人もゆるさぬたけくらむ事　言語道断也」と、初心者がいきなり備前焼や信楽焼などを所持し、枯淡の境地に至った気で人に見せびらかすなど言語道断だと書かれてある。「冷え枯る」とは、虚飾を取り去った後の「ものの本質」とでもいうべき精神。備前焼と信楽焼が持つ土味と自然釉の素朴な味わいに通じるものがある。「侘」「寂」の美を重んじる茶陶において、備前焼と信楽焼を最高のものと讃えている。

とはいうものの、室町期に備前焼が茶陶として一般的であったかといえば、そうでもないようだ。村田珠光よりもやや後の時代の能楽師、金春禅鳳《こんぱるぜんぽう》（一四五四―一五三二）はその著『禅鳳申楽談儀』の中で「伊勢物　ひせん（備前）ものなりとも　面白くたくみ候はゝ　まさり候へく候」と、唐物がもてはやされていた茶陶の世界において、常識的には茶道具らしくない備前焼でも上手に道具立てすれば結構使えるものである、ということを説いている。つまり西暦一五〇〇年前後の備前焼はまだまだ誰でもが使いこなせるほどには茶陶化されてはいなかったということなのだろう。

それを証明するように、京都の本法寺には永正十四（一五一七）年銘の水屋甕（茶室の水屋に置かれた甕）があるが、それと同形のものが水甕や火鉢、穀物入れとして使われている。また水指に転用された例として、備前水指（銘青海、徳川美術館蔵、14ページ参照）がある。堺の豪商で茶人でもあった武野紹鷗（一五〇二―五五）旧蔵として伝わるものだが、やや外開きの端正で落ち着きのある円筒形の器形からおそらく当初は緒桶《おおけ》としてつくられたものか。当初から水指として制作されたとする説もあるが、実際のところは不明である。このほか徳利、皿、鉢など食器の中にも茶陶に転用されたものもあると思われる。

このことから当時の一般的な多くの茶人の美意識は、備前焼の茶陶作品は茶道具らしくないが、茶道具として使おうと思えば使える、というような程度であったのではないだろうか。現在でも茶道の世界では、本来、茶道具でないものを本来の機能を離れて茶の湯の道具として使用することがある。これを「見立て」という。次の時代、千利休は新鮮で趣のある試みを加えようとするこの「見立て」の心により、当時の美意識を大きく転換していくことになる。

茶陶で時代を席巻

安土・桃山時代

桃山備前

備前焼愛好家なら「桃山備前」という言葉を一度は耳にしたことがあるのではないだろうか。桃山備前とは、古備前の中でも茶の湯全盛の安土・桃山時代に作陶されたものを指す言葉。長い備前焼の歴史の中で、おおらかで気品あふれるこの時代の備前焼をもって最高位の美と称賛する際にも使われる。鎌倉・室町期の古備前は素朴にして簡素であり、また日常生活と直結した質実剛健さを持っていたのに対して、茶陶を中心とした桃山備前は華。当時の備前焼生産の全体量から見ればほんの数パーセントにすぎないが、京・堺の茶人たちの指導下で制作された茶入・水指・花入などの茶道具が多くの茶会で用いられた。しかもあまたの国産陶器の中で最も使用頻度が高かったのも備前焼であった。

そもそも桃山期になぜ備前茶陶がめでられたのか。侘び茶が大成する過程で「あわれなのに美しい」。やつれた姿がむしろ美しさを引き立てる」、そうした「やつしの美」へと美意識が変化し、それにつれて茶道具も唐物から、やつしの美をたたえた備前などの和物が唐物に替わって珍重されるようになったと考えられる。

備前焼は室町末から桃山にかけては侘び茶器の王座に君臨し、侘の極致と貴ばれた。現在でも備前焼といえば「侘・寂」のイメージ。侘という言葉は、古くは万葉集にみられ、「寂しい、やつれた、無念」という意味で使われている。これが鎌倉中期ごろから、世俗の欲望を投げ捨てて、風流に身をまかせた隠者の生活観を表現する言葉に変質する。

室町期には、村田珠光の「月も雲間のなきは嫌にて候」の語にあるように雨雲に妨げられて「満足に月の見えない状態」に侘の精神を見いだすようになる。そして心に理想の月の姿を描き出すのである。珠光はそれまでの唐物中心の茶の湯に対して、備前や信楽などの和物を茶道具として見立てた。それは完全な美としての唐物に対して、どこか不完全な和物の中に日本人独特の美意識である侘の美を見いだしたといえよう。これが日本人の美意識へと以後定着していく。

侘とは枯淡の美であり、すべてが完全に整っているより、し残したところがあるのが面白いとする、不完全な美なのである。このような未完の空間を心で補い、精神で完全に育て上げるところに、気成りで無骨な備前焼が持つ美が合致したのであろう。

巨大窯の築窯

備前焼の黄金期ともいえる桃山時代。この時期、技術面でも一大革新がもたらされた。巨大窯の築窯――。国指定史跡の伊部南大窯跡（備前市伊部）の前に立つと、幅約五メートル、全長約五十四メートルにも及ぶ巨大な窯跡が山の斜面に立ち上がる。周辺には無数の陶片が散らばり、窯道具とともに残片が層をなして堆積している。それまで伊部の集落周辺に点在していた中規模窯と比べて一段と規模が大きい。

こうした巨大窯は現国道二号南側の榧原山麓に南大窯、伊部北部の不老山麓に北大窯、医王山麓に西大窯と、三つ築かれた。それまでの中規模窯は室町時代末期には廃止され、これら三つの巨大窯に統合された。

伊部南大窯はその内の一つで、三基の大窯からなる。西から西窯、中窯、東窯と呼ばれ、桃山時代から明治まで備前焼の同業者によって共同使用された。窯の形式は、東側の大窯については二〇〇五（平成十七）年の発掘調査でそれまで半地下式窖窯と考えられていた構造が完全な地上式窯であることが判明した。麓側の焚き口と斜面上の煙出し部分がすぼまったトンネル状の単室構造で、全長五三・八メートル、最大幅約五・二メートルの規模は、間仕切りのない単房の窯としては全国最大級。壁は粘土を積み上げ、ドーム形と推定される天井を一～一・四メートル間隔で並ぶ直径約五十センチの土柱が支えていた。さらに、麓の焚き口とは別に、窯の規模を縮小するために設けたとみられるもう一つの焚き口が見つかった。江戸時代に備前焼が不振に陥った際に、大窯をある時点で縮小（全長三四・五メートル）し、操業の効率化を狙ったのだろう。近くの焼き損じの陶器を捨てた物原《ものはら》には、無数の陶片や窯壁の残骸が深さ七メートル前後も積み重なっていることも分かった。

これほどの規模になると、ひと窯焚

き上げるのに、割り木約二百トン、日数三十〜五十日を要する。作業する者にとっても重労働であっただろう。伊部の陶工たちは少しでも効率的に窯を焚くために、窯詰めなどさまざまな工夫を重ねた。甕や壺など大型の作品の中に花入や徳利など小型の作品を詰め込んだり、複数の作品を重ねて焼いたり、焼成台や棚を使ったり、皿や鉢などの平らな部分に小徳利などを載せて焼成したり……。

　こうした工夫が思いがけない付加価値的な焼成美を生む。直に炎が当たらない部分は黒っぽくなったり、白っぽくなったり、青みを帯びたり……。そして炎の当たったところは赤褐色に。作品同士がくっつくのを防ぐため、稲藁を巻いたりはさんだりして焼成したところは、その部分が緋色に発色して緋襷《ひだすき》に。このほか詰めた場所によりさまざまな窯変が生まれた。備前焼そもそもの土味に桟切《さんぎり》、牡丹餅、緋襷、伏せ焼き、胡麻など、炎がもたらす偶然の窯変が加わり、新たな芸術性の発見へとつながっていく。

国指定史跡「伊部南大窯」。史跡内に3基ある中で最大規模の東側窯跡

失敗作の陶片などを廃棄した物原の調査では、深さ3メートルまで掘り進んでも“底”が現れないほどの異様な規模

巨大な全容を現した伊部南大窯の東側窯跡。ふもとから見上げても窯の端が見えない。窯の中軸線上には天井を支えた土柱（直径0.5メートル）の根元29本がずらり。窯の横腹で作業用の横口跡（幅約1メートル）も出土した（写真提供 / 備前市教育委員会）

窯元による経営

では桃山期、三基の巨大窯の運営はどのように行われたのだろうか。まず窯焚きは年に一度。一回の窯焚きで約三、四万点の製品が焼かれた。窯詰めだけでも荒仕事だっただろう。陶工は十数人ずつのグループに分かれ、それぞれ南・北・西の窯組みを形成して作業にあたったと考えられている。当時の主な窯元は六姓と総称される大饗《おおあえ》、金重《かねしげ》、木村、寺見、頓宮《はやみ》、森。これら六氏は営業権と窯の支配権を代々世襲、一般の陶工とは一線を画す存在であった。各窯元は共同の大窯に製品を持ち寄って焚くため、自家の商標としてそれぞれの製品に窯印を用いた。初期の陶印は製品の肩や内外底に手書きで比較的大きく無造作に刻まれており、近世に入ると間もなく、定位置に小さく押印されるようになる。

この時代も製品の主流は、壺、擂り鉢、甕の三種。器種のバラエティーは乏しいが、器形に大きな変化が現れる。例えば、種壺と呼ばれる小型壺の胴部全体にはっきりとした轆轤《ろくろ》目が見られるようになり、中型壺は胴径に比較して口径が小さくなる。また擂り鉢はほぼ垂直に立ち上がる口縁外面に二条の溝が付く。使い勝手の向上と強度増が図られ、重ね焼きをしても焼き損じが少なくなったものと推測できる。「備前擂り鉢投げても割れぬ」と俗謡にも謡われた堅牢さをみせている。甕は二～四石の大きなものが現れ、それらの口縁部にも擂り鉢同様に上下幅が広り三本ほどの溝が付けられた。大甕の中には紀年銘を刻んだものも多く、編年基準の貴重な資料とされている。

またこの時代を特徴づけるものとして、茶陶や食器類が挙げられる。織田信長が縦横無尽に戦乱の世を駆け抜けた永禄年間（一五五八～七〇）ごろからの各種茶会記を見ると、備前焼の建水、水指、花生などが頻出。またその当時につくられたと推定できる茶陶類には必ずといっていいほど大窯時代を象徴する窯印が刻まれており、この時期に備前茶陶が隆盛を迎えたことが分かる。さらに紫蘇色と呼ばれる紫色がかった赤褐色の焼け味を見せるものもこの時期。これは、室町時代まで主に使われていた山土に代わり、地元で「ひよせ」と呼ばれる、黒くねっとりとした備前田土が使われるようになったことを示している。

コラム3 ひよせの語源

備前焼に使う陶土は、農閑期の冬に水田を一・五～四メートル掘り下げて、「ひよせ」と呼ばれる田土を採土します。鉄分を含み、備前焼に適しているといわれています。

でも、なぜ田土を「ひよせ」と呼ぶのでしょうか。備前近郊では田植えの際、畦に田土を塗ることを「ひよせを塗る」というところがあるようです。また山の谷筋に開かれた水田では、山からの冷たい水を直接田へ入れないように、田の山側に「ひよせ」「ほりあげ」という素掘りの溝を掘り、いったんそこで水を温めて田へ入れるところもあるとか。太陽の陽を寄せる？ このあたりが語源となったのかもしれませんが、はっきりしたことは分かっていません。

なお、採取した粘土はふつう二、三年風

雨にさらして乾燥させ、これを水で戻して精製。さらに八年ほど寝かせたものを作陶に使用します。金重陶陽は十年以上寝かせた土を使っていたそうです。堆積作用により自然に水簸《すいひ》されたこの良質の陶土はもともとわずかしかなく、陶陽は「米より大事」と貴んでいたそうです。近年は枯渇が心配されており、「ひよせ」に代わる土の研究をしている作家や、数種類の粘土をブレンドするなど工夫されているようです。

備前茶陶の開花

さて、室町時代に村田珠光や武野紹鴎らによってその美を発見された備前茶陶は桃山期に入って開花する。とりわけ天下人・豊臣秀吉や、千利休らの茶人に愛されたことにより、備前茶陶は名品中の名品として茶陶界に君臨した。もちろん主流は、壺、擂り鉢、大甕ではあったが、建水、水指、花生、茶入、茶碗などの茶器や、徳利、皿、鉢などの食器の生産も本格化。需要も全国に拡大し、それを裏付けるように、堺の環濠都市遺跡の茶室跡から桃山期の備前茶陶が大量に出土したほか、大坂城堀跡からも木竹製の野点傘や茶筅とともに備前水指などが出土、京都では希少な茶碗も発見されている。一五四五（天文十四）年に京都で摂関家が備前壺役銭をめぐり争ったという文書も残る。備前茶陶をめでた堺や大坂、京での備前茶陶の人気のほどがうかがえる。

桃山期前半の茶の指導者は千利休（一五二二—九一）。利休は当時の最高権力者である、織田信長や豊臣秀吉に仕え、天下一の大茶人として全国の茶人・陶窯に影響を及ぼした。天正十八（一五九〇）年から翌年にかけての利休の自会記『利休百会記』によると、同一のものかもしれないが、花入を七回、壺を二十二回も使用しており、備前焼の真価を認めていたことを証明している。

秀吉の影響も忘れることはできない。彼が天正十五（一五八七）年十月一日、京都北野の森で催した大茶会では、内外の名器に伍して、備前焼の建水、花入が上席に据えられており、秀吉がいかに備前焼を愛したかがよく分かる。また江戸時代の国学者・小山田与清《ともきよ》（号・松屋）の著書『松屋筆記』掲載の手紙文には、「先年太閤様御下向之砌御覧有て　かかる天下の重宝をあまた焼候ては口惜しき由被仰付ことごとくうちやぶられ候　唯一所指被置候き」と、備前焼が大量生産され価値が下がることを懸念して、窯を一カ所だけにしたことが書かれている。

備前市浦伊部の来住家には、「太閤門」が現在に伝えられている。来住家は戦国時代末期から江戸時代にかけて活躍した豪商来住法悦を先祖に持ち、享保年間（一七一六〜三五）に書かれた「来住権右衛門口上覚」によれば、羽柴秀吉の備中高松攻め（一五八二年）の際、浦伊部の豪商であった法悦が秀吉を迎えるために屋敷に御殿と門を新造したが、秀吉は本能寺の変のために立ち寄らなかった。その後、御殿は来住家の菩提寺の妙圀寺（備前市浦伊部）に寄進したと伝えられ、同市教委が一九九四（平成六）年、この門を市史跡に指定した際には「伝太閤門跡」としている。その信憑性はともかくとし

備前市浦伊部の来住家に伝わる太閤門

「用」から「美」へ

上は室町時代の種壺（個人蔵）、下は桃山期の備前矢筈口水指（岡山県立博物館蔵、写真提供 / 同館）。実用一点張りの日常雑器として庶民に愛された備前焼は、茶人などに洗練され日本人好みの和の美へと昇華されていくて、秀吉の備前焼に対する思い入れのほどはかくの如しというところか。太閤秀吉は、死に臨んで自身の遺体を二石入りの備前焼の大甕に納めるよう命じ、京都東山の阿弥陀ヶ峰（現在の豊国廟）に埋葬された。

織部好み

桃山後期になると、他窯と同様に備前茶陶の作風は一変。故意にひずみやゆがみをつくったり、箆目《へら》を駆使したり、桟切・牡丹餅などの窯変を狙ったり……。利休に代わって茶の指導者となった古田織部《ふるたおりべ》（重然《しげてる》、一五四四—一六一五）の「織部好み」を反映したものとなる。織部は戦国時代から安土・桃山、江戸初期にかけて織田信長や豊臣秀吉に仕えた武人だが、今日では茶人としての方が知られる。大胆かつ自由な気風を好み、利休七哲の一人として利休の茶道を受け継ぎ、発展させた。色彩豊かでゆがみの大きな茶器を好んだことから「へうげもの」とも呼ばれた。利休の茶の美が無駄を一切こそぎ落とした静の美であるとすれば、織部のそれは豪放かつ奔放に美の持つ力を放出させた動の美。この「織部好み」の影響により、備前焼は素朴さや雄々しさの中にも柔らかさや明るさをも見せるようになる。この時代の茶陶や食器類が現代作家の手本になっているゆえんである。

安土・桃山時代の備前焼を出土する消費地遺跡は、室町時代と比べてかなり減少し、全国で二百カ所足らず。これはこの時代そのものが短いためで、生産量や販路が縮小したためとは考えられない。例えば大坂城三の丸跡や本町遺跡（兵庫県姫路市）、前代からの根来寺坊院跡、尾道中世遺跡などからは、一カ所から膨大な量の大甕や擂り鉢が出土しており、この時代の一つの特徴となっている。また、この時代を反映して、茶入、水指、建水、お預け徳利、八寸皿、平鉢、水屋甕など、明らかに茶道具として使用されていた器物も相国寺旧寺域跡（京都市）などの遺跡から出土している。このことは、当時の大名、町衆、僧侶などが茶の湯に親しんでいたという史実の裏付けともいえる。

桃山期前後の著名な茶会記には、『松屋会記』『天王寺屋会記』『今井宗久茶湯日記』『宗湛日記』『利休百会記』『北野大茶湯之記』『槐記』などがあるが、それらの茶会記に備前焼が登場する回数は総計六百九十二回で、ほかの国焼茶陶を圧倒。そして、器種別にみても、建水（四百七十九回）、水指（百三回）、花生（五十三回）、壺（二十二回）、茶入（十回）、茶碗（九回）など、バラエティーに富んでいる。

管理・統制と衰退

江戸時代

綺麗さびと備前焼

　鎌倉時代に日用雑器から出発し、室町から桃山時代にかけては、村田珠光、武野紹鷗、千利休、古田織部らの茶人により茶陶界に君臨した備前焼。江戸の世となり、利休、織部亡き後、茶の湯の天下人としての地位を継いだのは小堀遠州《こぼりえんしゅう》（政一、一五七九―一六四七）であった。

　遠州は茶人、作庭家として知られるが、古田織部と同じく本来は武人。徳川家康は関ヶ原の戦いの後、畿内を中心とする重要地域十一カ所に国奉行を置くが、備中国奉行に任命されたのが、遠州の父正次。正次は四年で急死し、遠州が後を受け一六一七（元和三）年、河内国奉行に転出するまで十三年を務めた。とりわけ岡山県人にはなじみ深い人物。高梁市にある遠州ゆかりの備中松山城や頼久寺とその庭園はよく知られるところ。ほかにも大坂夏の陣（一六一五年）で焼けた大坂城の再建や二条城の整備、仙洞御所・女院御所など宮中の造営……。将軍や皇室と密接に結びつく仕事を見事にこなし、庭園や茶室建築の第一人者としても目された。

　作事の天才と謳われた遠州は、茶の世界においても「綺麗さび」といわれる独自の優美さを表現。王朝文化の風雅な香りを茶の湯に取り込むことにより、瀟洒《しょうしゃ》な雅やかさに侘びた趣を同居させ、独自の遠州流茶道を確立する。だが、この「綺麗さび」がやがて備前焼に大きな変化をもたらす。

　無骨で荒々しい自然なりの備前焼は、綺麗さびを取り入れた「遠州好み」とは明らかに異なる範疇に入る。いわば王朝風の気品に対する野趣ある気高さ。開窯時期が一致しないことで若干の疑問が残る遠州七窯、つまり志戸呂焼（遠江）、膳《ぜ》所焼（近江）、朝日焼（山城）、赤膚焼（大和）、古曽部焼（摂津）、

小堀遠州（頼久寺蔵）

上野焼（豊前）、高取焼（筑前）。いずれも遠州の好みの「綺麗さび」を表現した施釉陶磁器である。江戸初期に起こったこの美意識の変化により、備前焼はそれまでの自由闊達な作風を失い、茶陶においても遠州好みの薄作りの小ぎれいなものが主流となっていく。

白磁の登場

　これに加え、萩や有田などこの時期に新たに登場したやきものによって、備前焼はさらにその市場を奪われ、ま

頼久寺庭園（岡山県高梁市）。17世紀の初め、小堀遠州が頼久寺を仮の居館としたとき作庭したと伝わる庭園。禅院式枯山水蓬萊庭園で、愛宕山を借景に悠然たる姿を呈している

すます苦境に陥っていく。これら新興の陶磁器が創始・発展した背景には、豊臣秀吉が明征服をもくろみ主導した、明・李氏朝鮮軍との戦争「文禄・慶長の役」がある。秀吉は一五九二（文禄元）年と一五九七（慶長二）年の二回にわたり朝鮮半島に出兵。この戦いは秀吉の死による日本軍の撤退をもって終結するが、兵を引き揚げる際に朝鮮人陶工を連行。自国でやきものの生産に従事させた。上野焼、萩焼、平戸焼、高取焼、唐津焼、有田焼、薩摩焼などがそれである。

これらの窯場の中で特に有田では、朝鮮人陶工によって日本の陶芸史上、革新的な技術がもたらされた。白磁の製造技術である。白磁は中国では六世紀にはすでに開発されていた。それから遅れること約一千年の時を経て、日本でもようやく焼かれるようになった。有田焼の陶祖とされる李参平《りさんぺい》が佐賀県有田の泉山で白磁に適した地層を発見し、日本で最初に白磁を製造したのである。以後、中国赤絵の影響を受けた柿右衛門窯や色鍋島で知られる鍋島焼などの白く輝く器肌と鮮やかな染付や色絵は、日本人を魅了し続けていく。

伊部手と細工物で対抗

このような逆境下で備前の陶工は、伝統の擂り鉢や徳利をつくる一方で、伊部手や細工物という新たな技法を用いて多種類の器物や置物、香炉などを手掛け、時代の好みの変化に対応しようとした。

伊部手は塗り土の技法を施したもので、薄作りの器胎の表面に鉄分の多い粘土を塗り付けて焼く。塗り土は友土（本体と同じ土）、または備前市畠田付近で採れる黄土の泥漿を用い、鉄分が多いのが特徴。焼成すると、含まれている鉄分や長石分などが熱の作用で釉化し、銅器か漆器のようにも見える光沢を発する。色調は土味物より暗い感じ。黒褐色、紫蘇色、黄褐色の焼き色で、繊細で柔和な感じが漂う。寛永年間（一六二四〜四四）ごろから盛んにつくられるようになったことからも、当時大量に流通するようになった有田、京焼など施釉陶磁器に対抗するために創作された手法と考えられる。伊部手を焼成する際には、歪みや破損から器を守るため、また胡麻がかかりすぎないようにするために匣《さや》が用いられた。ちなみに緋襷をとる場合にも匣を用いる。高温に強い稲藁を作品に巻いたり敷いたりして匣の中に入れて焼成すると、匣により器に直接炎が当たらないため器肌は白く、藁を巻いた部分は藁の塩化カリウム分と土のカオリナイトが熔融し赤色釉となる。緋襷の原理である。

この伊部手の技法は、やはり江戸時代に盛んに作られた細工物にも応用された。細工物とは、それまでつくられてきた壺や徳利などの袋物や、皿などの平物とは異なる彫塑的な作品をいい、細かい技巧が凝らされた置物や香炉、香合などが主に手掛けられた。当初は手捻りによる作品が多いが、やがて大量生産に適する土型と呼ばれる型枠を用いて制作。一九九八（平成十）年、備前市教育委員会が土型の調査を行ったところ、江戸期を中心にこの土型が備前市内に約三百種類、七千点も現存

備前手桶水指（岡山シティミュージアム蔵）。総高24．1センチ、口径22．6センチ、底径18．8センチ。同ミュージアムの木村コレクションの一つで、江戸初期につくられた伊部手の作品。同コレクションの「備前薄端耳付花生」も伊部手の作品として知られる

布袋香炉（個人蔵）

獅子香炉（個人蔵）

細工物の土型（個人蔵）。備前市教育委員会が同市内の窯元などを3年にわたり調査したところ、江戸中期から昭和10（1935）年までの約230年にわたり、約300種類7000点もの土型が現存することが判明。その約8割が江戸期に使われたもので、種類の多さは他の窯場を圧倒する

糸巻香炉（個人蔵）

することが分かった。

最古の土型は、元禄十六（一七〇三）年の年銘が入った獅子立尾（縦五・二センチ、横六・四センチ）。種類は動物、花、エビ、カニ、大黒、恵比須など三百種類に及び、有田、九谷焼など全国の窯場に比べても種類の多さでは他を圧倒する。宝永三（一七〇六）年のサルの顔など、初期の土型ほど精巧な描写が特徴で、庶民にも普及し大量生産された。その後、コストダウンを図るため、後になるほど簡略化したと考えられている。X線などによる科学分析では、土型の材質は備前焼と同じ粘土で、備前焼（約千二百度）より低い約八百度で焼成。土型の内側には雲母や酸化鉄を塗り、型離れを良くする工夫も施されていた。

藩の保護政策と窯元六姓

このように茶器、花器を中心とした備前焼は全盛の桃山時代以降、磁器の普及や嗜好の変化から厳しい時代を迎えた。窯業地では産業を活性化するための新たな活路として伊部手や細工物が手掛けられる一方、岡山藩も備前焼を藩の重要産業の一つとして位置づけさまざまな保護政策を行った。

一六三二（寛永九）年、池田光政が因幡鳥取藩主から岡山藩初代藩主として備前国に入封。学問を奨励するとともに、新田開発など産業振興にも精力的に取り組み、岡山藩の基礎を築き始める。有田焼や萩焼など藩による殖産興業目的の窯場の隆盛に対抗してのことであろうか、備前焼の保護・奨励政策にも乗り出す。岡山藩の記録『撮要録』によると、一六三六（寛永十三）年、与八と新五郎を藩指定の御細工人に任命し、九斗六升を下給。以後、幕末までに、清三郎、五右衛門、木村長右衛門、金重利作、木村直左衛門、木村甚七、木村長十郎など数十人の陶工が指定された。御細工人には木村、金重のほか、森、服部の姓も見える。光政は備前窯の陶工の中から御細工人と助細工人を選定し、禄を与えて保護することで、備前焼を半官営的な「藩窯」として統制下に置こうとしたのである。

ところで幕末ごろの御細工人に木村平八郎という人物がいる。平八郎は一八四九（嘉永二）年、備前焼の歴史を五問五答形式でまとめ『五問五答古伊部神伝録』を著述。備前焼の起源や発展、焼き肌、陶土、各時代の陶工名、窯印、窯元株などについて記す中で「窯元六姓」についてもふれている。

> 焼物師家銘相続の事は、前にいふ神代一徳を始、人皇武門に至り、今嘉永に移りても、家銘変る事なし。竈株売買ならず。女子沢山にしても養子して別家ならず。男子にても誰の株と定りし相続ならば、別家して是を継ぐ

このあとに南、北、西の三窯の株所有者を連ね「右三竈へ組合となる事、応永年中より定む。絶家する時は、六姓の内より是を継、六姓をもって竈元本家といふなり」と続けている。窯元六姓とは木村、森、頓宮、寺見、大饗、金重。この六姓が室町時代末から共同組織の大窯による備前焼の生産に携わり、江戸時代を通してもこれを独占的に支配したと考えられる。

国特別史跡旧閑谷学校の国宝・講堂（備前市閑谷）を飾る備前焼瓦。閑谷学校は寛文 10（1670）年、岡山藩主池田光政によって創設された。儒学に基づく教育を目指し、藩士だけでなく、農民など庶民の子弟、他藩の好学者にまで門戸を開いた。
現在の備前焼の瓦は各時代に葺き替えられたものに、1959（昭和34）年から1962年にかけて補修用に焼かれたものが使われている。その一部には、講堂などが改修された前年の元禄 13（1700）年ごろのものも含まれている

鶴鳴門とも呼ばれる閑谷学校の校門。講堂をはじめ、聖廟や閑谷神社などほとんどの建造物の屋根に備前焼の瓦が用いられている。校門の屋根を飾るしゃちほこももちろん備前焼

1959年、国宝の講堂などを大改修した際に発見された備前焼の軒先丸瓦。元禄13(1700)年の銘があり、国宝の付属物とみなす「附国宝」となっている（写真提供 / 公益財団法人特別史跡旧閑谷学校顕彰保存会）

岡山藩はこの窯元制度の上にさらに「御細工人」の制度を乗せて統制したともいえるが、保護のあるところには必ず規制もある。例えば、一六九一（元禄四）年には、備前焼の伝統的技法の一つである篦による装飾を禁止。陶工による自由な制作活動も規制の対象となったのである。大窯の口開きの際には、藩から窯奉行が派遣され、指定された作品の中から焼き上がりの良いものは全て藩の買い上げに。そのほか作品の種類や販路についても藩により管理・統制された。そして幕藩体制の浸透とともに、備前焼はその質、量とともに低落していくのである。

白備前と彩色備前、狛犬

江戸中期になると、もはや時代の趨勢は完全に有田や瀬戸などの釉薬物に傾く。伊部手や細工物といった新機軸で対抗しようとした備前焼だが、その最大の魅力の一つである土味がかえって、時代遅れの古くささ、やぼったさを増長させる要因になったと思われ

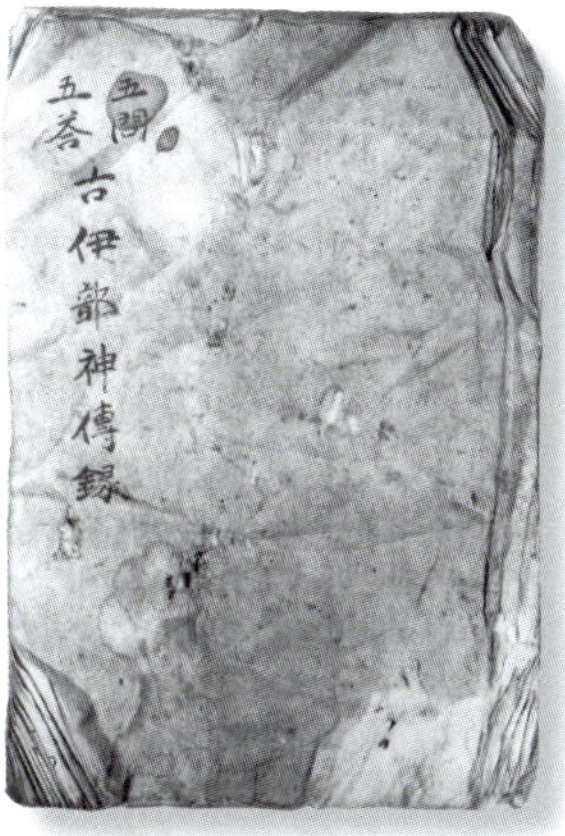

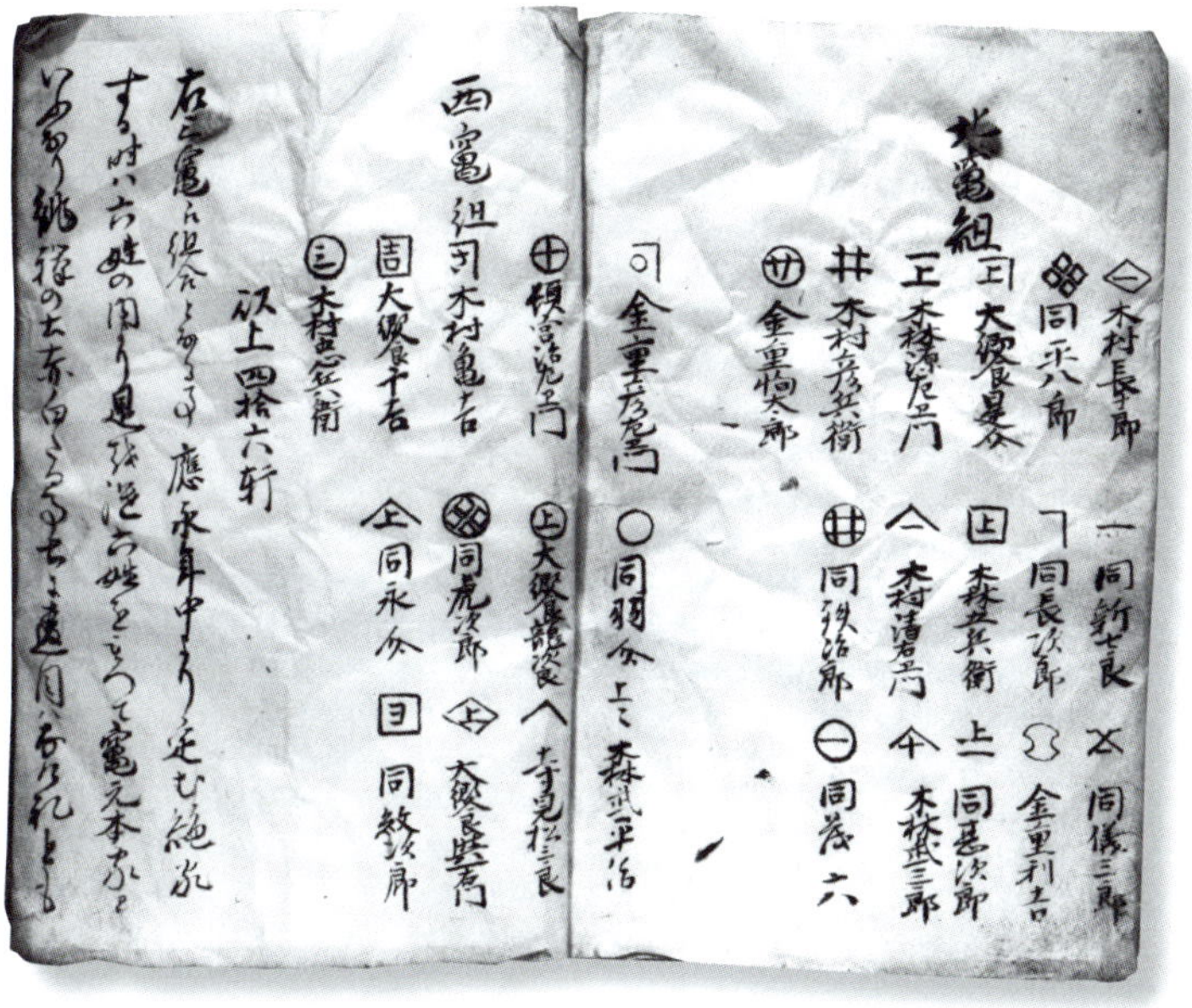

「五問五答古伊部神伝録」の写し（個人蔵）。神伝録は嘉永2（1849）年、皇太神宮権禰宜渡会末彰の問いに木村平八郎泰武が答えるかたちで著述された。備前焼の起源や発展、各時代の陶工名、窯印および作品などが記されている。写本は数点伝わっており、これはその中の一つ

る。

この時期、白備前作品など磁器を思わせる白い作品や、素焼き地に岩絵の具で絵付けした彩色《さいしき》備前が登場する。焼き締め陶が最大の特徴である備前焼の歴史の中でも極めて特異な存在である。しかし、時代背景を考えると、大きな危機感が備前焼を動かし、これらの挑戦となったのであろう。これらは藩のお抱え絵師などの協力を得ながら生み出されたことが記録に残っている。

不振の備前焼を示す史跡として天保窯が挙げられる。一八三二（天保三）年、不老山南麓に築かれた窯跡であるが、長さ約十六メートル、幅約四メートル。八室からなる連房式登り窯であるが、それまでの大窯と比べると格段に小さい。焼成日数も大窯が三十〜四十日間要したのに対し、六〜八日間程度であったといわれている。おそらく経済的に困窮した陶工が経費の節減と製品の回転を速めることを目的に造ったのだろう。経費も労力も〝融通〟できるところから、「融通窯」と呼ばれた。この窯では、鞆（広島県福山市）の保命酒徳利にも使われた角徳利が主に焼かれ、そのほか定量壺、古備前写しの茶器や花器なども生産された。築窯当時は五室に仕切られていたというが、改築されながら第二次世界大戦前まで使用されていた。

この時代の備前焼を出土する消費地遺跡は、西日本と江戸を中心に約百カ所。江戸時代が安土・桃山時代と比べて圧倒的に長いにもかかわらず、遺跡数は逆に激減している。ただ幕府の置かれた江戸に八カ所の遺跡が見られ、伝統的な擂り鉢や徳利、灯明台などが出土している。察するに備前焼の名声が消え去ってしまったということではなかったのだろう。

文献からもこの時代の備前焼の種類や流通、販路などを垣間見ることができる。一六九七（元禄十）年刊の『茶之湯評林大成』からは京・大坂の備前焼物問屋の扱っていた品々、また一八一九（文政二）年刊の『江戸買物独案内』からは江戸市中の酒店が備前徳利に入れて名酒を販売していたことが分かる。さらに藩文書や窯元の文書からは、片上や牛窓、岡山の商店を通じて備前焼が売られていたこと、参勤交代の西国大名やその家臣が伊部で備前焼を買い求めたこと、そして藩や窯元自慢の優品の多くが、幕府や禁中、他藩への献上贈答品として使われていたことなども知られる。

江戸時代の備前焼の歴史を締めくくるものとして、神社の狛犬がある。主に文化・文政年間（一八〇四〜三〇）から明治時代にかけて注文販売品としてつくられたようで、神社の氏子の中で有力な者が施主となり寄進されている。この時代の備前焼狛犬の残る神社で著名なところとしては、備前天神社（一六八六＝貞享三年、岡山県重要文化財）、備後吉備津神社（一八二四＝文政七年）、備前瑜伽大権現（一八二九＝文政十二年）、武蔵品川神社（一八二九＝文政十二）、出雲美保神社（一八三〇＝文政十三年）、讃岐金刀比羅宮（一八四四＝天保十五年）、備中高松稲荷（一八四七＝弘化四年）などが挙げられる。

白備前狂い獅子置物（岡山県立博物館蔵）。高さ15．4センチ、長径26．6センチ。
江戸中期（18世紀）の作で、この時期の白備前を代表する優品（写真提供 / 岡山県立博物館）

彩色備前 東下り置物（岡山県立博物館蔵）。高さ32．0センチ、長径29．6センチ。江戸中期（18世紀）につくられたもので、この時期の彩色備前の代表作（写真提供 / 岡山県立博物館）

保存工事前の天保窯（1985年撮影）。江戸末の文献に天保3（1832）年、天保窯など3カ所に窯を築いた記録があり、これは北大窯の西に築かれたもの。経営難の中でコストダウンに努めた生産状況を物語る貴重な資料

現在の天保窯の焚き口

備前焼の保命酒徳利（福山市鞆の浦歴史民俗資料館蔵）

広島県福山市の太田家住宅に伝わる、
保命酒醸造に使われた古備前の大甕

備前焼の狛犬（天神社蔵）。岡山県指定重要文化財。貞享3（1686）年の制作

備前焼欄間獅子（長法寺蔵）。岡山県指定重要文化財。両眼が塗金されており、
躍動感の伝わる造形。江戸中期の作とされる

最大の危機

明治〜昭和初期

土管が主要製品

明治から昭和初期にかけて、備前焼はその八百年の歴史の中でも、最も苦難の時代を迎えた。文明開化のうねりの中で、日本的な伝統文化は見捨てられ、岡山藩の保護も失った。奈良の興福寺の五重塔が二十五円で売りに出された時代である。泥くさく、野暮ったい焼き物など、見向きもされなくなった。

欧風文化至上主義の風潮を反映して、茶陶や花器など日本の伝統文化にかかわる器物がほとんど売れない苦難の時代が半世紀以上にわたって続いていく。融通窯とともに残っていた三大窯は放棄され、陶工の中には農業や商人へと転業したり、伊部から転出する者も現れる。この時代の備前焼の主要製品が土管であったことが物語るように、陶芸としての備前焼にとって最大の危機であった。

明治期の陶工数を見てみよう。嘉永二（一八四九）年に著された『古伊部神伝録』では窯元数は四十六軒。それが明治十二（一八七九）年には、伊部天神社の寄付額によると、陶工数は三十九人に。さらに塩田力蔵の『日本近世窯業史』（明治四十年編）によると「明治十八年ごろの伊部の陶戸数は減じて三十六軒となりたり」とある。さらに明治四十二（一九〇九）年発行の『和気郡誌』にある明治三十九年の陶器製造によると、伊部村の製陶戸数はわずか八戸、職人数は男二十七人、女五人。見る影もないさびれようである。

こうした危機を乗り越えるために一八七三（明治六）年、大饗千代松、木村藤太郎、森栄太郎、森喜久助らによって天保窯の東側に明治窯が築窯され、一八七七（明治十）年には大饗為五郎、後藤貞三、行本伝三郎らが陶器改選所を設立。二基の窯を築き、黄薇《きび》窯と命名する。備前焼復興の機運が盛り上がるかに見えたが、会社経営に行き詰まり数年で倒産したり、他社に吸収されるなどの憂き目に。そして一八八七（明治二十）年には、森琳三が伊部で初めて小型の個人窯を築き、長い間続いてきた大窯による共同窯の時代は終焉するのである。

後に琳三は東京職工学校（現東京工業大学）の藤江永孝の指導で食塩窯を築き、備前焼に新分野を開拓。塩焼ブームを起こし、伊部最大の窯元に成長する。一九一〇（明治四十三）年に岡山

明治窯。天保窯の東側に、それとほぼ同規模で築かれた

明治時代の石目肌の煎茶器（個人蔵）。一見、金属器のように見える

県で行われた陸軍大演習の際には、食塩青大花瓶を皇太子（大正天皇）に献上している。

また一九一三（大正二）年には、三村陶景（一八八五―一九五六）が伊部陶器学校を創設して技術指導に力を注ぐ。陶景は初代小西陶古とともに、窯焚きの最終段階で木炭を投入してつくる人工桟切や、人工緋襷を開発した人物でもある。当時の備前焼界は、日露戦争以来の戦勝ムードもあり、兵隊向けに軍艦旗をクロスさせ、鉄かぶとなどを配した図案の戦勝杯や湯呑みなど廉価品や土産品などが喜ばれた時代。陶景はこうした一時しのぎをよしとせず、備前の前途を憂い、備前焼の伝統を新しい時代に適応させ再生しようと試みた。虫明焼から久本花山、明石の朝霧焼から初代藤田龍峰、粟田焼から西村春湖と、陶景に賛同する意欲的な陶工も集まってきた。地元では、初代小西陶古、初代大饗仁堂、金重楳陽らが新しい力として胎動を始めた。花山は朱泥の煎茶器をつくり、龍峰は青備前を試み、やはり煎茶器を多くつくった。また楳陽は黙々と細工物を手掛け

明治期から大正にかけて盛んにつくられた煎茶器。右ページは初代藤田龍峰の青備前煎茶器。
左ページは初代藤原楽山の煎茶器（いずれも個人蔵）

上・下ともに三村陶景の彩色備前（いずれも個人蔵）

いずれも西村春湖の細工物（いずれも個人蔵）

伊部の路地を歩くと、土管を土台にしたり、埋め込んだ塀、陶片で作られた塀などをあちこちで目にする。古い町並みに陶器の町らしい雰囲気を与えている。モノクロの写真は、土管窯の煙道に使われた土管（1975年撮影）。北大窯跡近くに築かれ、太い土管が何十本もつながれ斜面を上っている

た。古備前の復興も試みられた。こうして生き残った陶工たちは、苦難の時代を生きながらも新しい備前焼を模索し続けていった。

この当時、盛んにつくられた煎茶器は明治期の不振脱出の主力ともいえる。幕末から明治にかけて煎茶が流行し、頼山陽、池大雅、田能村竹田ら文人が愛好したので、文人茶とも呼ばれた。幕末の志士たちもこぞって煎茶を好んだので、この流行は明治に入ると一般庶民へも普及しはじめた。格式や作法を重んじる抹茶に反発し、自由に茶を楽しもうという気運が広がった。

明治末から大正のはじめにかけて伊部に集まった新鋭の陶工たちも盛んに煎茶器をつくっている。朱泥、青備前、石目肌と、伝統的な備前焼にはない手法も積極的に取り入れられた。石目肌とは、粒子の細かな小砂を綿でくるみ、湿らせた木綿の布切れにつけ、生乾きの急須などに押していく技法。仕上げはツバキの葉で平らにしたという。

これらの新しい手法は、伝統的な備前焼の窯変や土味を狙ったものではなく、一見錫や鋳物製品にも見える。伊部では〝磨きもの〟と呼ばれる、つるりとした精巧な小品である。当時はてかてかと光ったものが好まれたので、光沢の出をよくするために藁を入れたり、出来上がりにニスを塗って古色を付けたという。

やがて大正六、七年ごろになると、急須に代わって宝瓶が焼かれ始める。真殿左鶴、西村春湖、金重陶陽らがつくっている。とくに陶陽は手づくりの宝瓶を試みた。当時の陶陽は轆轤が不得意であったため、手捻りでつくることを思いついたらしい。大正十四（一九二五）年、陶陽三十歳の時、手づくり宝瓶を百個つくることを思い立ち、結局、七十個つくった。陶陽がこの手づくり宝瓶を製作したことから、その素朴な味、窯変の魅力が再認識され、備前焼の宝瓶は一躍天下に名を轟かせた。戦後、「桃山に帰れ」と陶陽が桃山期の茶陶の復興に成功した下地はこの宝瓶でつくられたといってよい。

とはいえ、先に触れたようにこの時代の備前焼の主要製品は土管であった。現在の陶芸ブームからすれば想像もつかないが、実は備前焼の土管は江戸初期からつくられていた。江戸時代初めに築城された兵庫県の赤穂城は、海に近くて井戸が掘れないため近くを流れる千種川から取水し備前焼の土管で城内に給水。また当時としては珍しく城内だけでなく城下町の各戸にまで配水されており、その暗渠管にも備前焼土管が用いられていた。

伊部でつくられた土管は近代工業の発展とともに需要が高まり、大量生産のための工業化が目指された。一八八五（明治十八）年、窯元の一人である金重利三郎が伊部商会を設立。愛知県の常滑から数十人の技術者を招聘し、土管の製造に着手した。当時の県令（県知事）高崎五六による支援もあり、一八八七（明治二十）年には三村久吾、日笠恒太郎らも加わり事業を次第に拡大していく。そして翌年には伊部陶器株式会社へと発展させ、各種土管や溜め池などに使う樋などを主力製品とし、一八九五（明治二十八）年には伊部土管株式会社も設立した。

ところで、金重利三郎が備前へ呼んだ技術者の出身地が常滑であるのは、当時、常滑は新しい時代に対応する窯業開拓も進んだ先進地であったからである。常滑焼は備前焼と同じ日本六古窯の一つだが、明治に入り藩の保護を離れて衰微の極みに達していた備前焼とは違って、近代産業としての窯業が確立されつつあった。同地の陶工鯉江方寿は一八三四（天保五）年に真焼窯を築き、一八四七（弘化四）年には初めて真焼土管を製造、さらに明治初期にはイギリス式真焼土管を完成させている。備前窯業界は土管製造を始めるにあたり、先進地常滑から技師や陶工を招きその製法を学んだのであろう。

備前焼に見切りをつけた陶工たちは次々に新しい窯業に参入した。伊部では次々に同業社も増え、一八九六（明治二十九）年には木村市三郎、大饗千代松らによって備前陶器株式会社が創設される。京都から陶器技術者の藤江永孝を招き、備前陶器に改良を加えるとともに、土管や耐火煉瓦の製造を始めた。これが現在の品川リフラクトリーズの前身である。名実ともに土管が備前焼の中心産品となるのである。

だが、やがて土管の製造は次第に先細りになっていく。結局、ネックとなったのは備前の土。伊部の土は高価であったため、備前焼に使うのと同じ土で安い土管を焼いていたのではとても採算が取れなかった。こうして土管窯は次第に消えていき、日本各地に製鉄業が興ってくる過程の中で、耐火煉瓦が伊部の主力製品となっていくのである。

このような状況の中、茶陶、置物、食器、生活雑器など本来の備前焼もわずかではあるが生産され続けた。そのほか白備前、青備前、絵備前、彩色備前なども手掛けられた。なかには国内での不振を挽回するために海外雄飛を目論んだのであろうか、made in Japan と刻印されたビール瓶や洋酒瓶なども残っている。苦難の時代を生きた陶工たちの備前焼の存亡をかけた活動だったのかもしれない。

この時期に活躍した名工としては、細工物に優れた技を見せた永見陶楽、日幡正直、丸物の茶花器を特意とした久本才八、角徳利を専門とした田中里三、そのほか木村清国、木村彦十郎、森菊助らもいる。いずれも小規模の共同窯や、細工物、土管製造などで懸命に窯の火を守った人たちであった。

コラム④ 伊部焼土管

伊部陶器株式会社にては従来製造品の主なる鉄道工事用の土管は近来注文品少なかりしも、夏頃より製造せし溜池立樋は従来使用せし木製の立樋に比して流通よく、かつ堅牢なればとて、近来溜池修繕工事に県下各郡よりの注文多しと。（明治三十一年十月二十八日付「山陽新報」）

コラム⑤ 影の薄い明治のやきもの

総じて明治期のやきものは評価が低い。これは備前焼に限らず、有田や瀬戸などほかの陶磁器においても同じ傾向が見られます。桃山や江戸時代の古陶は人気が高いのに、明治期の陶磁器は展覧会でも目にすることが少ないようです。なぜでしょう。

明治維新。政府は殖産興業・富国強兵政策を推し進め、外貨獲得の手段として輸出を奨励します。海外で日本の製品を売るためには、まず国内の技術を欧米並みに引き上げなければいけません。そこで政府は欧米から外国人を招聘し、先進技術の導入を図ります。日本の近代窯業の父と呼ばれたドイツ人、ゴットフリート・ワグネルなどはその一人です。次に国内外に日本製品をよく知ってもらう必要があります。明治政府はウィーン万国博覧会以来、海外での国際博覧会に積極的に出品し、同時に国内では内国勧業博覧会を開催。その結果、ヨーロッパのジャポニズムブームも手伝い、日本のやきものは生産量、輸出量を次第に伸ばしていきます。

こうして輸出された陶磁器の多くは近代設備のもとで画一的に大量生産された製品です。当然、海外の趣向を反映したものが多く、豪華絢爛で大づくりなものが目立ちます。明治後期には、石炭窯や電動轆轤などの導入により、いっそう産業化は進みます。資本主義のもと、轆轤物よりも型物、手描きよりも銅版転写というように、効率の悪い手仕事は敬遠されたのです。こうなると日本人としてのアンデンティティーは薄らぎ、没個性的な工業製品としてのやきものとなっていかざるを得なかったのです。

大正以降、やきものをもう一度手仕事による「作品」に戻そうとする運動が展開されますが、それはこの明治期の反動からだったといえるでしょう。そして時代が下るに従って日本人にとってのやきものは、単に粘土をこねて焼いた器ではなく、そこに芸術性と作家の個性が求められるようになっていきます。この意味で、日本のやきものを「製品」から「作品」へと変える萌芽が生まれたのはこの明治時代であったともいえるのです。

再評価と隆盛

昭和〜現代

再評価と大戦

この時代になると、現在同様にすべての窯が個人窯となる。第一次世界大戦の戦勝ムードなども手伝い、行き過ぎた欧化の風潮に反省がなされたのもこの時代。日本古来の伝統文化が再評価され、古陶ブームが起こる。陶磁器の名品展や陶芸を扱った出版物の発行も相次ぎ、また茶道が庶民層まで広がり、茶陶が注目された。

大正末には、柳宗悦《やなぎむねよし》らによって提唱された民芸運動が広まり、日常生活の中で使われる手仕事による品々の中にそれまで気付かなかった美が見いだされた。「用の美」の発見である。これにより、大量生産される工業品としてのやきものと、手で一点一点つくられる芸術作品としてのやきものとが区別されていく。やきものの見方として、現在にも相通ずる捉え方がこの時期に生まれた。そして明治期に辛酸をなめた備前焼にも光が再び当てられてくる。

とはいうものの、煎茶ブームで明治期のどん底を脱出した備前焼だが、前途に展望が開けた訳ではなかった。三村陶景が主催した伊部陶器学校グループの次世代に当たる若手は、江戸期以来の備前焼の主力製品である置物に新しい感覚を盛り込もうとした。

一九三六（昭和十一）年、京都の国立陶磁器試験場で陶彫を学んだ木村好男（一陽）は伊部に帰ると、窯元の息子や作家を目指す新進に呼びかけて「陶進舎」を結成。伊勢﨑陽山、山本陶秀、金井春山、鈴木黄哉、木南知加選らが加わった。陶進舎は国立陶磁器試験場の教師で陶彫の大家であった沼田一雅を講師に招き、伊部小学校を会場に陶彫を学んだ。もともと備前焼の置物は狩野派の絵師がスケッチしたものを見本に陶工が製作した伝統を持つ。絵を写すためにどうしても平面的にならざるを得なかった。「備前焼の置物は幽霊だ。骨がない」。沼田は人間や動物の身体的特徴をリアルに捉える近代彫刻の考え方と実技の指導をした。その結果、後に陶進舎のグループは沼田の指導で自信と力をつけ、日本

1936（昭和 11）年、陶進舎主催の陶彫講習会の記念写真。伊部小学校の玄関を背に、伊勢﨑陽山、西村春湖、木村一陽、山本陶秀らの顔が見える

右は備前市の伊部小学校に立つ二宮尊徳像。小振りの全身像の尊徳像も家庭用につくられた（写真左、個人像）

太平洋戦争末期、山本陶秀が軍の命令で焼いた備前焼の手榴弾体（備前市歴史民俗資料館蔵）

陶彫連盟に加入し、銀座の三越で発表会を開くなど意欲的に活動するほどになる。

　当時、備前窯で活躍した陶人としては、二十代で細工物の名手といわれ、後に桃山茶陶の再現に努力した金重陶陽、ドイツ式マッフル窯で朱泥・緋襷の研究をした三代松田華山、食塩窯による茶陶を制作した初代藤原楽山、細工物に新境地を開いた西村春湖・初代大饗仁堂、彩色備前から白備前まで幅広く手掛けた三村陶景、青備前の研究で石炭窯を開発した初代藤田龍峰、陶彫の伊勢﨑陽山、人工桟切を完成させた初代小西陶古、石炭窯を始めた木村兵次《ひょうじ》など。彼らは、従来の規格品を量産する職人的な作陶から脱却し、個性的・芸術的な茶陶や置物の制作を目指して一心に作陶した。

　しかし、日本が第二次世界大戦へ突入すると、時局は次第に急を告げ、戦雲が平和な伊部にも影を落としはじめた。窯元の陶工や個人窯の作家も兵隊にとられ、残った人たちは煉瓦工場で勤労奉仕をした。

　一方、物資の不足から、飯茶碗や湯呑みの製造が割り当てられ、不要不急のものは許されず、実用一点張りの雑器を轆轤で挽き、焼いた。物資の不足は末期的症状となり、飛行機や弾丸に使うために、民間にある銅や鉄製品の供出が始まった。このため思わぬ注文が備前焼の窯元に舞い込むことになった。各小学校にあった二宮尊徳像や和気清麻呂像を供出し、代わりを備前焼でつくることになったのだ。伊部に久しぶりに活気が戻り、陶工は型をつくり、土をひねり、丹精に焼き上げた。沼田一雅に学んだ陶彫の技術が思わぬところで生かされることになった。

　だが、まだこれらの像をつくっているうちはまだよかった。やがて燃料は不足し、窯の火を守るのも困難な時代となった。本土決戦が叫ばれるようになると、軍は備前焼の手榴弾体をつくることを思いついた。堅固な備前焼は兵器として使えると判断されたのである。当時の伊部は窯元と作家で十八軒あった。手榴弾体は全員に割り当てられ、数万個はつくられたという。戦争末期には、金属不足で鉄の代わりにされた陶器製のやかん、戦艦「大和」のアンテナ線の絶縁体に使われたとみられる備前焼の碍子など、およそ工芸・芸術品とはかけ離れたものの製造を余儀なくされた。備前焼にとって、長い冬の時代は幕末から太平洋戦争までの約百年間続いたが、この時期が最も厳しい時代であった。

　後に人間国宝となる山本陶秀（一九〇六―九四）は自宅の庭から掘り返した手榴弾体を手に当時を振り返り「実際に戦争で使われなかったのが、せめてもの幸い」と山陽新聞のインタビューに答えている。もっとも備前焼に限らず、第二次世界大戦末期には、各地のやきものが軍の命令で戦争に〝動員〟され、京都の窯元からも清水焼の手榴弾体が発見されている。

コラム⑥

彩色つきニュー伊部焼

伊部焼の窯元木村兵次氏は数年前から従前の原料と製品に改良を加え、輸出品の研究を進めていたが、今回ようやく従来の粘土から特殊的土質を採取し、さらに型練りに上薬を使用して窯焼きを行い、それに繊細なる彩色をほどこして伊部焼の面目を一新、近く米国と伊太利方面に輸出するため、その置物、製飾品の窯出しをみた。成績は良好で氏は非常に意気込んでいる。

これも時代の先端を行く並ならぬ苦心の跡がうかがわれるが最近各窯元は古風雅趣に富む製品に改良を加え、裸体美人の像を描出することなども行なっており、世相の反映が伊部焼をしてその方向に赴かしめているのではあるまいかと言われている。（昭和五年九月十一日付「山陽新報」）

インベ陶漆の花瓶（個人蔵）

コラム⑦ 学園に伊部焼の尊徳像

一般家庭における戦時重要金属資源としての鉄銅製品の回収が十一月一日から全国的に開始され、同時に各学校、公共団体等の銅像も国民の精神教育上差し支えない範囲において回収することになったが、さしあたって問題となるのは各国民学校に備えつけてある二宮尊徳翁の銅像である。

東京霞ケ関の戦時物資活用協会では尊徳翁の銅像は岡山県産の伊部焼陶像がその気品、色つや、持味において銅像に匹敵しており、この際出来る限り銅像を供出して伊部焼陶像をもって代替品たらしめるよう勧奨している。在東京岡山県物産斡旋所でも照会がある場合は取り扱いをしつつあるが、現在のところ産地と直接折衝を行なっている向きが多いようである。

戦時物資活用協会では「商機商略の時代はすでに過ぎ去っているわけですから、伊部焼業者はそういう旧観念を離れ、国民の精神教育の面から大いに国策に協力すべき時であろう」と語っている。（昭和十六年十一月九日付「合同新聞」）

コラム⑧ 伊部焼の技を軍需産業へ

伊部町の備前焼業者は決戦下、相次いで転廃業し、すでに軍需産業に就業した者もあるが、木村兵次、木村貫一、木村正二《まさじ》、柴岡米田、小西陶古、難波好陽、金重勉氏らはこの際、父祖伝来の技術を軍需生産に生かすことが真の御奉公だということに意見の一致をみ、今回共同して軍需耐酸機器の生産に乗り出すこととなり、先進地の視察、機械の購入に着手した。（昭和十九年九月十七日付「合同新聞」）

桃山回帰

第二次世界大戦は日本の無条件降伏で終結。生きるのに精一杯の時代であったが、焼け野原から復興に向けて新たなエネルギーと希望があふれ出した時代でもあった。焼け跡にバラックが建ち、闇市には食料や物資を求める人々が群がり、出征兵士や疎開していた子どもたちも家族のもとへ。町に活気がみなぎり始め、各地の窯も徐々に復活していった。

とはいえ伊部の町にはまだ戦後の余韻が残っており、食うや食わずの生活を余儀なくさせられていた。備前焼の仕事に携わってきた人たちの中にも、備前焼が売れなくなり、親方から賃金を払ってもらえず、しかたなく耐火煉瓦会社とか、ほかの仕事に転業した者が出た。残った人たちも、窯を焚く燃料の松割り木を買うことができなかったり、やっと出来た作品を自転車の荷台に積んで自ら売りにも行っていた。ちょっと足を延ばすと、旅館に泊まらねばならないが、旅館代が払えなくて帰してもらえなかったという話も。今では、想像もできないようなことも多かった。

戦前、窯元や作家も含めて窯を持つ家は三十軒あまりあったが、このころになると二十軒ほどに減ってしまった。昭和二十六、七年ごろまでは、備前焼を金を出して買う人は少なく、米や野菜と備前焼を物々交換したりしていた。焼けば焼くほど貧乏した時代であった。当時、つくられたものは水甕、急須、徳利など。農家や一般家庭の日用品ばかり。しかも少しでもコストを削減するために、品質の悪いものも少なくなかった。茶道具などはすっかり影を潜めた。ある耐火煉瓦会社では、備前焼の再興を期してインベ陶漆という備前焼に漆をかけたものまで考案されたが、それは土味を大切にする備前焼にはもはや見えないものであった。

そんな中、一九五〇（昭和二十五）年、文化財の保存・活用をするとともに、国民の文化向上を目的に文化財保護法が施行。同法により、建造物や絵画、彫刻、工芸品などの有形文化財のほか、演劇や音楽、工芸に優れた人物もその対象となり、重要無形文化財保持者（人間国宝）に認定することになった。備前焼もその対象の中にあり、誰を人間国宝にするかが狭い伊部の町に大騒動を巻き起こす。

一九五二（昭和二十七）年四月四日、山陽新聞朝刊に一つの意見広告が載った。広告主は備前陶工会。三百字近い声明は、金重陶陽を備前焼の無形文化財（人間国宝に先駆け、この年初めて指定）に選定した国に対する異議申し立てであった。「現今伊部には陶陽以上の技術及び備前焼の功労者としての適格者は数人ある。（中略）他府県は伊部のような事情にあるものは地域的一円として推挙しているにもかゝわらず我県は陶陽だけとは推薦方法に不公平はないか」――。声明には三村陶景、伊勢﨑陽山ら十人の備前焼作家が名を連ねていた。

備前ではすでに陶陽を中心とした備前窯芸会が一九四九（昭和二十四）年

写真上は「備前陶工会」のメンバー（昭和20年代）。前列左から、伊勢﨑陽山、藤原陶斎、三代松田華山、三村陶景。後列左から、初代大饗仁堂、一人おいて小山一草。
写真下は「備前窯芸会」のメンバー（昭和20年代後半）。左から、金重素山、藤原建、2人おいて山本陶秀、金重陶陽、二代藤田龍峰、藤原啓、浦上善次

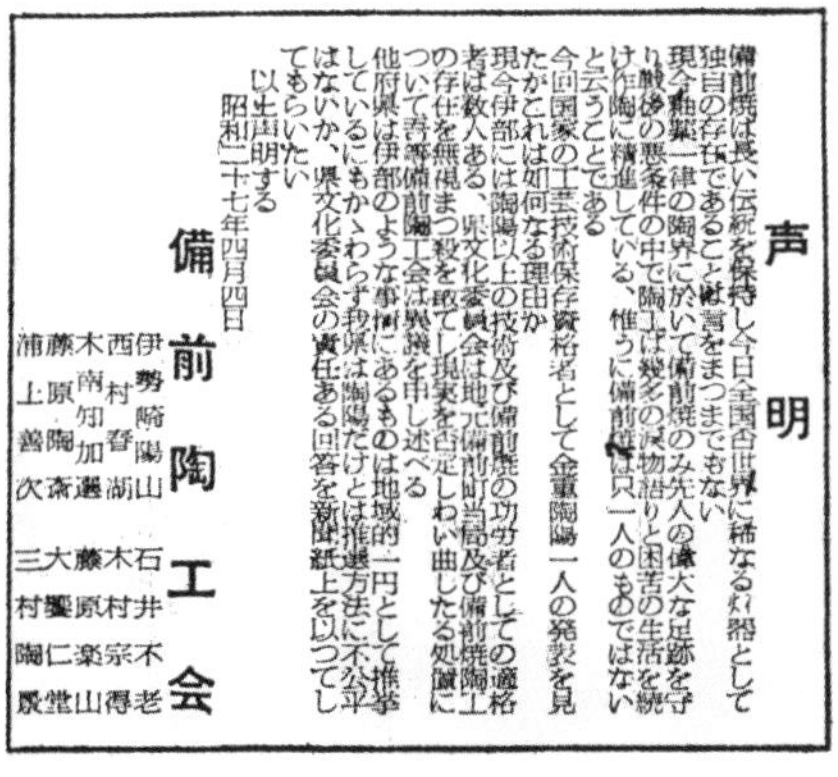

声明

備前焼は長い伝統を保持し今日全国否世界に稀なる陶器として独自の存在であることは言をまつまでもない
現今[illegible]一律の陶界において備前焼のみ先人の偉大な足跡を守り戦後の悪条件の中で陶工は幾多の涙物語りと困苦の生活を続け作陶に精進している、惟うに備前焼は只一人のものではないと云うことである
今回国家の工芸技術保存資格者として金重陶陽一人の発表を見たがこれは如何なる理由か
現今伊部には陶陽以上の技術及び備前焼の功労者としての適格者は数人ある、県文化委員会は地元備前町当局及び備前焼陶工の存在を無視まつ殺を敢てし現実を否定しわい曲したる処置について吾等備前陶工会は異議を申し述べる
他府県は伊部のような事例にあるものは地域的一円として推挙しているにもかゝわらず我県は陶陽だけとは推選方法に不公平ではないか、県文化委員会の責任ある回答を新聞紙上を以ってしてもらいたい
以上声明する
昭和二十七年四月四日

備前陶工会

伊勢崎陽山　西村春湖　木南知加選　藤原陶斎　浦上善次
石井不老　木村宗得　藤原楽山　大饗仁堂　三村陶景

1952（昭和27）年4月4日付の山陽新聞朝刊に掲載された備前陶工会の意見広告

十月に発足。藤原啓、山本陶秀といった後の人間国宝、二代藤田龍峰、金重素山、浦上善次の中堅、若手合わせて六人が轆轤物に意欲的な作陶を続けていた。

これに対して陶陽の無形文化財指定への反発から結成された備前陶工会には、細工物を手掛ける陶工が集まった。西村春湖、石井不老、初代大饗仁堂、伊勢﨑陽山、二代藤原楽山。そして会の中心となる最長老の三村陶景。伊部陶器学校を創設し陶工の養成に努めるとともに、人工緋襷を考案するなど、備前焼に大きな業績を残し、陶陽の最大のライバルと目された。

陶景は陶工会結成後に配った「備前焼伝統技術の危機」と題したちらしの中で「篦技術こそ真に備前焼伝統技術中第一位」と主張、「現今は轆轤造りの雅物や、下手造りの茶花器のみを備前焼最上のものとして、宣伝大いにつとめる人がありますが、これは何かのための勝手な宣伝」と、茶陶に向かう陶陽らに対する対抗心をあらわにした。

こうした陶工間の対立を背景に一九五二（昭和二十七）年六月、陶工会と窯芸会、さらに窯元が加わり備前焼陶友会が融和、親睦を目的に設立される。だが、国にならって一九五四（昭和二十九）年、岡山県が指定した備前焼制作技術の無形文化財の選定でも、対立が先鋭化して難航した。陶工会は地域指定と言い、窯芸会は伝統技術は個人が継承するものだから個人指定を、と主張。その結果、個人で窯を持ち、焼き物を本業にしている人を推薦条件に、当時の備前町が陶景、陽山、不老、仁堂、楽山、陶陽、陶秀、龍峰の八人、伊里町（現備前市）が啓をそれぞれ推薦すると、岡山県は九人全員を指定、個人指定とも地域指定とも取れる玉虫色の解決を図った。

このように轆轤物と細工物との激しい対立できしみながら結局、国指定重要無形文化財保持者（人間国宝）には金重陶陽が一九五六（昭和三十一）年、認定された。陶景はその直後にこの世を去った。

無形文化財指定で揺れた昭和二十年代後半から三十年代にかけての備前の陶芸界。岡山県は一九五四（昭和二十九）年十二月、新たに県文化財保護条例を制定、無形文化財指定の九人のうち、陶陽と死亡していた陶景、仁堂を除く六人を一九五九（昭和三十四）年三月、県重要無形文化財保持者として指定しなおした。そして、陶工会、窯芸会はともに昭和三十年代の終わりに消滅、備前の陶工組織は名実ともに備前焼陶友会に一本化した。

備前焼界にとって大きな節目の年となった一九五二（昭和二十七）年——。備前焼はこの年を境に本格的に復活していく。この当時、備前町の観光パンフレットには窯元、作家合わせて、わずか二十四軒が載っているに過ぎなかったという。昭和二十年代後半までは後継者の育成が最大の課題。廃業者も相次いだ。現在、備前焼作家は四百人を超える。今からすると嘘のような寒々しい状況であったが、かろうじて備前焼が幕末から百年間続いた最大の苦難の時期を乗り越えられたのは、その黎明期から連綿と懸命に窯の火を守ってきた人々の努力と誇りの結果であったといえよう。

その後、一九六四（昭和三十九）年

1952（昭和27）年5月、北大路魯山人は世界的彫刻家イサム・ノグチと連れだって金重陶陽の工房で3人の助手を使って800点もの作品をつくった。主に長方皿や四方皿、向付などの皿が多かった。写真の皿はそのとき魯山人が 制作した「伊部土長板皿」（岡山・吉兆庵美術館蔵）

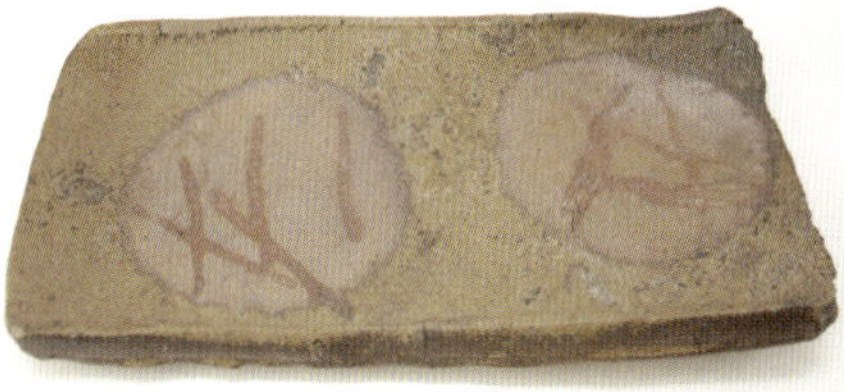

1967（昭和42）年4月8日、昭和天皇皇后両陛下が岡山県植樹祭でご来岡し、伊部に立ち寄られた際、備前会館にて御前制作する人間国宝の金重陶陽

秘密室とも呼ばれた、金重陶陽愛用の窯。1964（昭和39）年春の窯焚きを最後に火が消えた

の東京オリンピック、新幹線の開通（一九七二＝昭和四十七年）などによって、伊部の町は空前の大爆発ともいえる備前焼ブームを迎える。イサム・ノグチ、バーナード・リーチ、北大路魯山人、川喜田半泥子、荒川豊蔵、富本憲吉、河井寛次郎など日本を代表する芸術家や文化人が相次いで来窯・作陶し、備前焼が日本の陶芸史上最も日本的なものの一つとして認められる契機になった。彼らの備前焼に対する新しい視点は、斬新な造形の可能性を備前焼に吹き込んでいく。それに呼応するかのように、備前の作家たちも土と炎による無釉焼き締め陶の本質と美を再認識する。

　陶陽亡き後、藤原啓、山本陶秀、藤原雄、伊勢﨑淳と、人間国宝を途切れることなく生んだ。一つの窯場からの輩出としては最多を誇る。岡山県重要無形文化財保持者は七人（二〇一二年時点）。表面に縄文文様を施した「縄文備前」や蒔絵の技法を生かした「絵備前」などで新時代に挑む各見壽峯、新技法を追求し備前焼界随一の多彩な表現で知られる松井與之、大窯での制

1967（昭和42）年に撮影された伊部。1972年の新幹線岡山開通で爆発的な備前焼ブームが到来する前。まだ鄙びた陶器の里といった雰囲気が漂っている

作で古備前の神髄に迫ろうとする森陶岳、緋襷を文様として自在に表現し現代備前の陶芸美を追求する山本雄一、「たたら造り」による独自技法と柔らかな焼け色で滋味豊かな作風が特長の吉本正、奔放な造形感覚が息づくオブジェを得意とする金重晃介、彫刻を備前焼として表現する山本出。彼らに続く世代も続々と育ち四百人を優に超える作家・陶工が岡山県内外で活躍する。

　須恵器から誕生、生活陶器の王者として君臨し、茶陶で華を咲かせた備前焼。伊部手や白備前、彩色備前などで苦難の時代を生き抜き、再び桃山備前への回帰で復活を遂げたが、今、その目指す方向性は作家によりさまざま。陶陽以来の茶陶に力を入れる者があれば、現代感覚の際立つ斬新な造形世界を志す者があり。また、巨大な大窯で古備前を超える作品を目指す者、精巧緻密な細工物に腕をふるう者、練り込み技法など新しい技法で新感覚の備前焼に挑む者、生活陶器としての器づくりに専念する者……。いずれの作家も想いは一つ。いかに備前焼の頂点と評される桃山を超える作品を生み出すか――。彼らは八百年の伝統を継承し、次代へ備前焼を背負い発展させていくことだろう。

「備前焼には常に〝伝統〟という文字が重くのしかかっているが、この伝統は社会の動きにつれて、日に日に動いている。きのうの伝統はきょうの伝統であってはいけない。そのためには、むしろ芸術は生活より一歩先を進むくらいの気構えが必要だろう」（金重陶陽）。備前焼は二十一世紀に伝統産業として生きていくのか、あるいは芸術を発信し続けていくのか。その将来は今を生きる備前焼作家の芸術革新への意欲にかかっている。

コラム⑨

備前焼ブーム 新人作家が続々と誕生

　新幹線開通がもたらした〝備前焼ブーム〟に乗って、備前市内には新人作家が相次いで生まれ、一基五十万円から百五十万円もする登り窯が続々できている。「とにかく焼きさえすれば売れる」といわれる活況がいつまで続くのだろう―。

　人間国宝・藤原啓さん（七四）を筆頭に県無形文化財の山本陶秀さん（六七）ら一流作家のもとには県内外から年間十数万人の観光客が訪れ、作品も飛ぶような売れ行き。こうした好況を反映して、昨秋ごろから新人作家の売り出しが目立ち出した。中には牛乳屋で失敗して人生の回復策に窯をつくり、初窯を出した人もある。「銀行も備前焼をやるといったら簡単に融資してくれた」という。このほか▽県備前陶芸センターで二、三年ろくろを習った▽レンガの焼成技術を生かして転職した―などの〝速成組〟や変わりダネも作家の仲間入りをしている。

　陶芸センターからは年々七、八人が備前焼習得者として卒業している。このほか独学で勉強している人も含めると、同市内でいま備前焼を手がけている〝作家予備軍〟は百人以上にのぼるという。こうした現状に関係者の間では「ブームに乗り遅れるなという気持ちの人が多いようだが、備前焼の将来のためにはなにか歯止めが必要ではないか」の声も出ている。

（昭和四十八年五月十六日付「山陽新聞」）

備前焼年表

平安～鎌倉～南北朝

400年頃(古墳前期)	吉備南部に朝鮮半島から須恵器づくりが伝わる
590年頃(古墳後期)	岡山県瀬戸内市一帯に備前焼の母胎・須恵器窯が盛行する
905年(延喜5)	「延喜式」に須恵器貢納国の中では備前国が最も生産量が多い、と記す
1193年(建久4)	備前国万富で東大寺再建瓦を焼く
1200年頃	須恵器工人がこの時期、香登荘に移り住む
1250年頃	備前市伊部のグイビ谷で初期備前焼の生産が始まる
1299年(正安元)	「一遍上人絵伝」の「福岡市」に備前焼の甕が見える
1342年(暦応5)	和歌山県の長寿寺境内から「香登御庄　暦応五年」の年銘入り大甕
1350年頃	備前焼が全国的な販路を形成する
1371年(応安4)	今川貞世の「道ゆきぶり」に「かがつというさとは家ごとに玉だれのこがめという物を作ところ」の記述あり

室町時代

1549年(天文18)	茶会記に備前焼初登場
1570年頃	備前市伊部にある南大窯が操業を開始する

桃山時代

1587年(天正15)	秀吉が北野大茶会の席で備前筒花入など飾る
1592～98年(文禄元～慶長3)	文禄・慶長の役により朝鮮陶工が渡来し、このころ施釉の薩摩・高取・萩など各地に起こる
1610年(慶長15)頃	この時期、日本の磁器生産が有田で始まる

江戸時代

1686年(貞享3)	年銘入り狛犬が焼かれる。以後、昭和まで作られる
1687年(貞享4)	閑谷焼が開窯
1700年(元禄13)	閑谷学校講堂に備前焼銘入り瓦
1711年(正徳元)	白備前を初めて焼く。正徳4年には彩色備前も焼かれ、新しい展開が始まる

明治以降

1871年(明治4)	サンフランシスコ万国博覧会に古伊部1点、白備前3点を出品
1930年(昭和5)	金重陶陽、細工物から古備前風の再興に転換図る
1952年(昭和27)	金重陶陽、来窯した北大路魯山人、イサム・ノグチらと交遊
1953年(昭和28)	金重陶陽、伊部に来訪したバーナード・リーチを囲み、山本陶秀らと会談
1956年(昭和31)	金重陶陽、国の重要無形文化財保持者（人間国宝）に認定
1959年(昭和34)	南大窯が国指定史跡に
1966年(昭和41)	金重陶陽、昭和39年に続き、米国ハワイ大で講義
1967年(昭和42)	不老山古備前窯跡発掘調査行われる
1970年(昭和45)	藤原啓、人間国宝に認定
1976年(昭和51)	ヨーロッパで「古備前と藤原啓、雄父子展」
1977年(昭和52)	岡山県備前陶芸会館が開館。香川県・水ノ子岩海底から室町初期の備前焼引き揚げ
1987年(昭和62)	山本陶秀、人間国宝に認定
1991年(平成3)	備前市で日本六古窯サミット開く
1996年(平成8)	藤原雄、人間国宝に認定
1997年(平成9)	パリ郊外で「備前焼　千年の伝統美展」（フランス国立陶磁器美術館）
2004年(平成16)	伊勢﨑淳、人間国宝に認定

第三章

陶技・窯変

備前焼のできるまで

土づくり

備前焼の最大の魅力は釉薬物にはない土味。それだけに陶土に使用する土づくりは作家たちにとって永遠のテーマだ。備前焼に使う原土は、大別して山土と田土《ひよせ》、黒土の三種類。備前市伊部周辺の山塊には、火山岩の一種である流紋岩質の岩石が広く分布しており、それがその場所で風化したものが山土であり、雨水によって流されて平地に二次堆積したものは田土。より有機質を多く含む状態で堆積したものを黒土といい、瀬戸内市長船町磯上周辺でよく採れることから磯上土とも呼ばれる。これらの原土は単味で使われることもあるが、ほとんどの場合は作家自身の狙う作風に合わせてブレンドされて独自の陶土がつくられる。

　では、それぞれの原土を簡単に紹介しよう。まず山土の魅力は荒々しさ。鎌倉期の備前焼を見ると、器表に小石が突き出たものをよく見かける。これは石はぜと呼ばれ、乾燥や焼成時に粘土が収縮して土の中の小石が器の表面に出たもの。この時代の備前焼の多くには山土が用いられ、小石や目の粗い砂が陶土に混じりこのような景色を生み出した。きめが粗く、また粘り気も乏しいため轆轤には適さず、主に紐づくりや輪積みで成形される。また、山土の特徴を生かすため、窖窯による還元炎で焼成されることが多い。有機物が少ない分、田土ほど発色しないが、耐火度が高いため田土に山土を混ぜて使われることが多い。

　一方、黒くねっとりとした田土は最も備前焼に適しているとされ、伊部から香登にかけての水田を一・五～五メートル、所によればそれ以上掘り下げて採取される。現在の主な田土の産地には、観音寺、下り松、大内、香登などが知られる。山土と比べて耐火度は劣るものの有機物や鉄分を含み、さまざまな窯変を生む。備前焼独特の紫蘇色もこの土から生まれる。金重陶陽は田井山地区から採れる〝観音土〟を最も好んだという。この土は一般的な田土の中でも非常に粘りがあり、轆轤でも扱いやすく、きめも細かい。現在は掘り尽くされてしまったようで、新たに入手するのは困難であるようだ。この観音土に限らず、陶土に向くカオリナイトなどの鉱物質を多量に含んだ備前の田土は年々希少になりつつある。

　黒土は田土より有機物や鉄分を多く含み、また粘性も高い。ただ耐火度が低いのと、焼け味もいま一つであるため、単味で使われることはまずない。ブレンド用に使われるほか、大型作品の水漏れ防止を兼ねて化粧土として用いられたり、黒土、田土、山土を波状に重ねて練り込み象眼を狙う際などに用いられたりする。

　掘り出された原土は外気にさらして数年間かけて自然乾燥させる。その後、土塊をハンマーなどでゴルフボール大に砕き、原土の目の粗さなどによって数種類に分類。選別した土はそれぞれ桶で水に溶かし、木の根や大きめの小石など夾雑物を濾過して取り除く。これを水簸という。次にどべ鉢に移して徐々に水分を取る。半乾燥状態になったら取り出して足で何度も揉み込み（足踏み）、さらに土を二、三ミリ程度にスライスして指先で小石や砂を丁寧に除去（石選り）。最後に十キロ程度の塊に揉み固め、三～五年ほど寝かせて陶土に生まれ変わらせる。寝かせるのは、バクテリアなど微生物の働きを利用して、さらに良質の粘土へと成長させるため。原土採取から起算すると、陶土にするまで実に平均して約八年も要する作業なのである。

　現在では、これら一連の作業も機械化されているが、機械に頼り過ぎるのは禁物とか。必要な土の成分まで除去してしまったり、原土の風味を消してしまったり、次の成形、焼成の段階で土が思うようにならないことも多々あるという。土づくりは備前焼に限らず陶磁器づくりの原点だけに、作家にとってまさに土との格闘。なお、完成した陶土は使う前に粘性を高めながら同時に粘土中の空気を抜くために、菊練りと呼ばれる土練りを入念に行ってから使用する。粘土中に空気が入っていると、焼成時にその空気が膨張して器が膨れたり割れてしまうため。

成形

陶芸という言葉から連想されるのは轆轤による作陶風景。備前焼でも轆轤で成形されるのが最も一般的だ。轆轤による成形を簡単に説明すると、大壺や擂り鉢、甕など大型の作品は中世から現代までその成形方法は変わらない。「輪積み」と「紐づくり」の二つの方法があり、いずれも轆轤の上に底土を平たく置く。その上に輪っか状の土を一段ずつ積み重ねるのが「輪積み」で、長い紐状の陶土をらせん状に積み上げていくのが「紐づくり」。いずれもその状態から轆轤を回しながら形を整え、最後に刷毛目調整などで仕上げていく。ちなみに縄文土器は「輪積み」でつくられていた。

　この技法での轆轤の働きは、本来の轆轤というよりむしろ回転台。轆轤の回転力を利用して成形するのではなく、成形は叩き板などを使ってされる。この叩き板を使う技法を「叩きづくり」という。叩き板の表面には器表との接着を防止するための凹凸があり、器の内側に当て木を当てながら叩き板で叩きながら成形すると、それが模様を生む。作家によっては独自の模様を叩き板に施す場合もある。

　昔ながらの「輪積み」と「紐づくり」とは異なり、轆轤の回転力を利用して成形するのは「水挽き成形」。室町時代後期以降に開発された技法で、現代ではこれが主流となっている。小物や中物類では水挽き成形が用いられることが多い。この成形方法はその場合でも特別小さい作品以外はまず轆轤の上に底土を平たく置き、さらにその上に作品の大きさに応じた粘土塊を載せて水を用いながら素地土を挽き上げる。これを一つ挽きという。

　轆轤には数種類あり、助手に手や紐で回してもらう地《じ》轆轤、陶工が自ら回し棒で回す手轆轤、足で蹴って回す蹴轆轤、電気で回す電動轆轤がある。作品を轆轤から切り離す方法としては、底板を付けたまま轆轤から外す「板起こし」と、針金や紐、藁《わら》しべなどで行う「糸切り」がある。

轆轤を用いない技法としては、「手捻り」や「型づくり」「タタラづくり」などがある。

「手捻り」はその字の通り、手で成形していく技法。最も原始的な方法だが、それだけに作家の個性が発揮できる。「型づくり」は土や木、石膏でつくった型に粘土を流し込んだり、押し当てたりして成形する技法。大量生産をしたり、彫塑性に富んだ細工物などをつくるのに適している。「型打ち」「型抜き」「型起こし」とも呼ばれる。「タタラづくり」は、同じ厚さの板状の粘土を何枚もつなぎ合わせて一つの作品をつくる技法。板状に切った粘土をタタラと呼ぶことからその名が付いた。これを応用した技法に「板づくり」があり、これは一枚のタタラを円筒形にして、それに底を付けるような時に使う。板状のタタラを何枚も張り合わせて側面をつくると、角瓶や角鉢に。二代目藤田龍峰（一九一三—七三）が得意とした「磨き」は細かな土を用いた作品を轆轤成形後に鉋《かんな》などで器表を削り、さらに丁寧に磨き上げたもの。金属器にも似た光沢を放ち上品な味わいが漂う。

これらの技法は、複数用いて一つの作品をつくることもあり、もちろんこれでなければいけないという決まりはない。現在では、オブジェなどに積極的に取り組む作家も多くなり、さまざまな技法に取り組んでいる。ただ、人間にもいろいろとクセがあるように、粘土にもクセがある。備前の粘土には備前にあった造形があるように、六古窯には、六古窯それぞれの造形があるといわれる。粘土のクセを見極め、粘土に素直に造形を考えることが重要。土を生かしてこそ、良い物ができるといえる。

窯詰め

窯焚きは窯詰めで決まる、とは金重陶陽の言葉。備前焼は人工の釉薬を使わず、割り木の灰という天然の釉薬を主に利用して焼成するため、窯内部の火の回りや灰の降り方の熟知いかんによりその窯変美は大きく左右される。

備前焼は土と炎の芸術と呼ばれるが、その焼き上がりは釉薬物と比べて偶然性も高い。とはいえ胡麻には胡麻の焼き方があり、緋襷には緋襷の焼き方が、桟切には桟切の焼き方がある。あの備前焼の窯変美は偶然に頼るだけでは生まれないのである。作家たちは作品を窯のどこにどのような状態で置くか、また火が窯の中をどのように回り、灰がどこにどのような降り方をするか、さらにどのような焚き方をしなければいけないか――などを計算した上で、「置く」のである。その作業が窯詰め。もっとも自分の狙い通りの窯変を出そうと工夫しても、なかなか思うようにならないのも備前焼の〝焼き〟の難しいところ。逆に思いもよらなかった窯変が偶然に現れることもある。備前焼に二つと同じものはないといわれるゆえんである。

登り窯を例にとって、簡単に窯詰め作業を紹介しよう。まず窯の各部屋は焼成効率を上げるために数段の棚を設けて、一度にたくさんの作品が焼けるように工夫されている。さらに皿などは重ねて置かれたり、大きな壺の中に小さい作品を入れたり、さまざまな窯変を生み出すための工夫がされる。普通の登り窯で並べられるのは約千点。かなり密接して置かれるため、作品同士や窯道具とのくっつきを防ぐために稲藁やアルミ粉、片栗粉などが用いられる。

　このくっつき防止のために入れた稲藁の塩化カリウム分と素地中に含まれているカオリナイトが溶融すると緋襷が、燃焼室や運道《うど》の近くに置いたものはたくさんの松割り木の灰が降りかかって胡麻が、部屋と部屋の仕切り付近に置かれると上下片身替わりの窯変となり桟切がよくできる。作品の上にさらに作品を載せて伏せ焼きにすれば、直接炎を受けたところと受けなかった部分との焼け色が異なり美しい景色を出し、稲藁を巻いて大きな作品や匣《さや》の中に入れて焼くと緋襷となる。緋、牡丹餅、紫蘇色など備前焼のさまざまな窯変はこのように計画的に窯詰めされて生まれる。

窯焚き

　備前焼の焼成では登り窯、窖窯が一般的。ガス窯や電気窯、灯油窯も用いられるが、ここでは登り窯の焚き方を紹介する。

　ほかの陶器と比べて備前焼はやや低火度で時間をかけて焼き上げるのが特徴だ。所用日数は窯の大きさや構造にもよるが、およそ十日から二週間。中にはもっと焚き続ける作家もいる。備前焼と同じ炻器に分類される常滑焼や信楽焼が四、五日なのと比較すると、焼成日数は二倍ほど。備前の土は収縮が大きいため、火入れから六百度前後までは非常にゆっくりと温度を上げていくからだ。備前焼の焼成工程が素焼き、本焼きに分かれない、本焼き一本勝負であることも影響している。

　まず火を入れる前に「火入れ式」。窯を清め、塩と御神酒を窯に供え、窯の神様と陶祖に安全と成功を祈り二礼二拍手一礼。最初の二、三日は「もせ取り」「焙り」「おこし」と呼ばれ、窯内部の湿気と自然乾燥では抜け切らない作品中の水分を飛ばす。窯の焚き口で二、三本の松の割り木を燃やすだけで、急激に温度を上げない。窯の中の温度が上昇してくると、徐々に割り木を増やす。これは作品の焚き口側と奥側との収縮率を均一化して亀裂が生じるのを防ぐためと、また松割り木の細かな灰を窯の奥まで飛ばすため。備前焼は火の当たり方と灰の降りかかり方で窯変が決まるため、ゆっくりと丁寧に焚いていく。割り木に使うのは数カ月間寝かせて乾燥させた赤松が多いが、雑木を使って独特の焼きを狙う作家も。一度の窯焚きで使用する割り木の量は窯の大きさにもよるが、数千本から数万本。伊部の町を歩くと、そこここに割り木を大量に積み上げた光景に出合う。

　窯内部がやや明るくなると、窯上部の焚き口からも割り木を投入。ここからが中焚きで、割り木の数を増やしながら昼夜ぶっ通しで焚き続ける。この場合も徐々に温度を上げていくのが大切で、灰を自然に飛ばして作品に付着

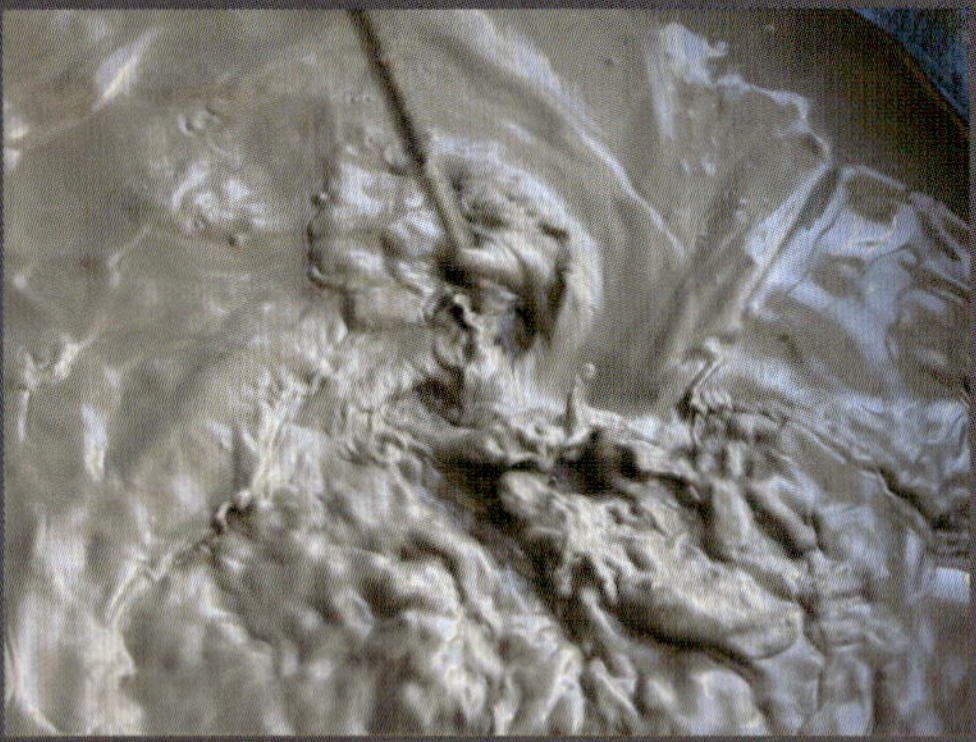

原土をよく溶かして

土置き場

どべ鉢

原土

石や木切れを漉す

水簸

練り上がった粘土。これを10kg ほどの塊に分けて3～5年寝かせる

どべ鉢に移す

徐々に水分を取って半乾燥状態に

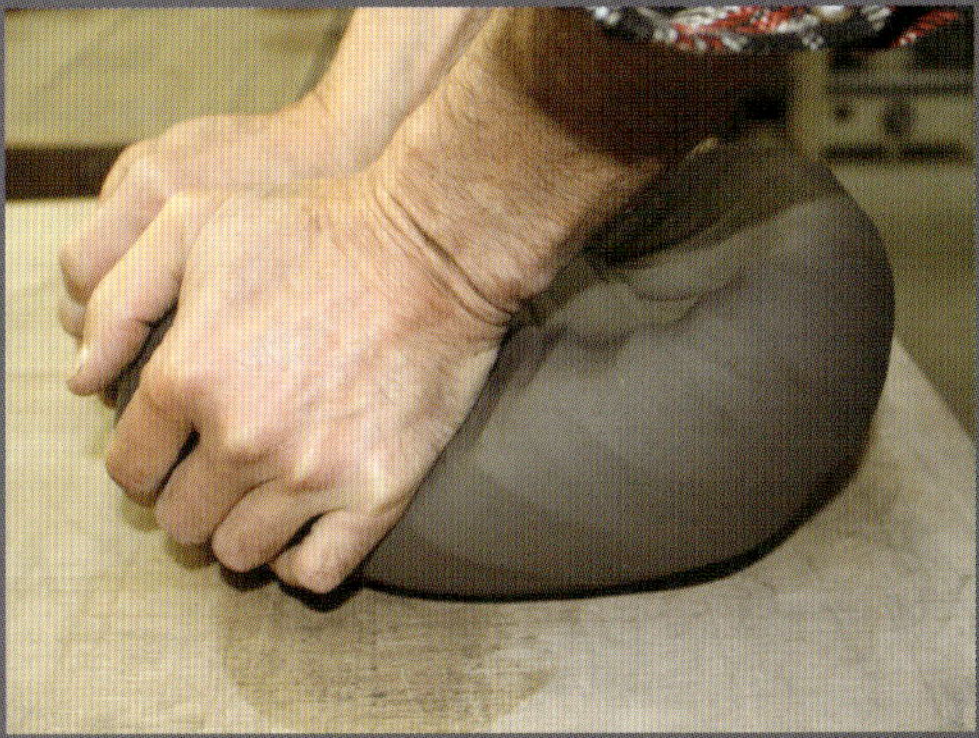

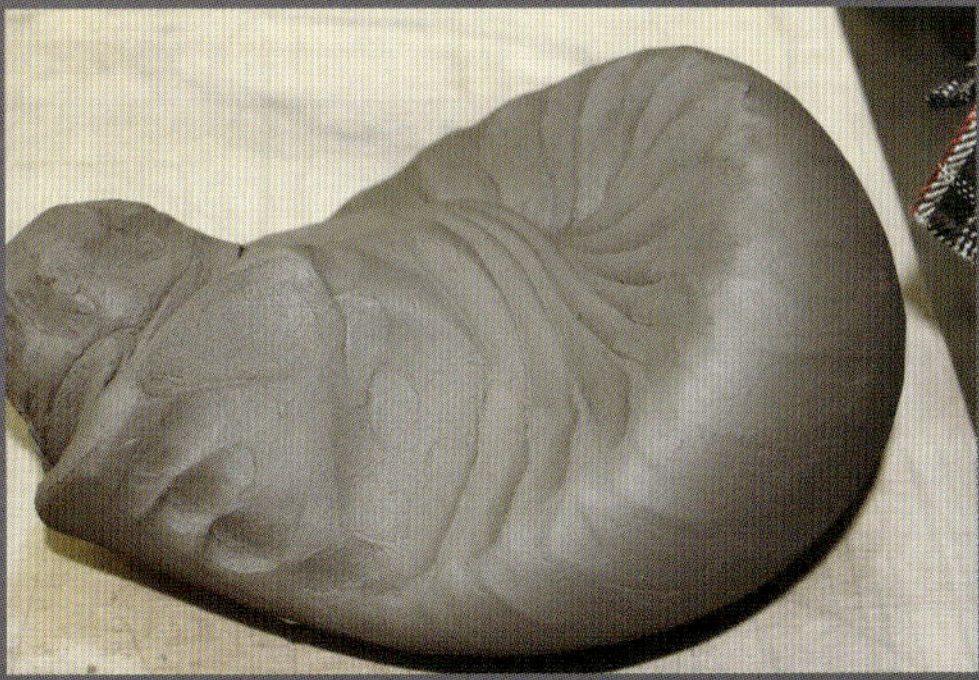

菊練りをして陶土中の空気を抜くとともに粘性を高める

土練機で土を練る

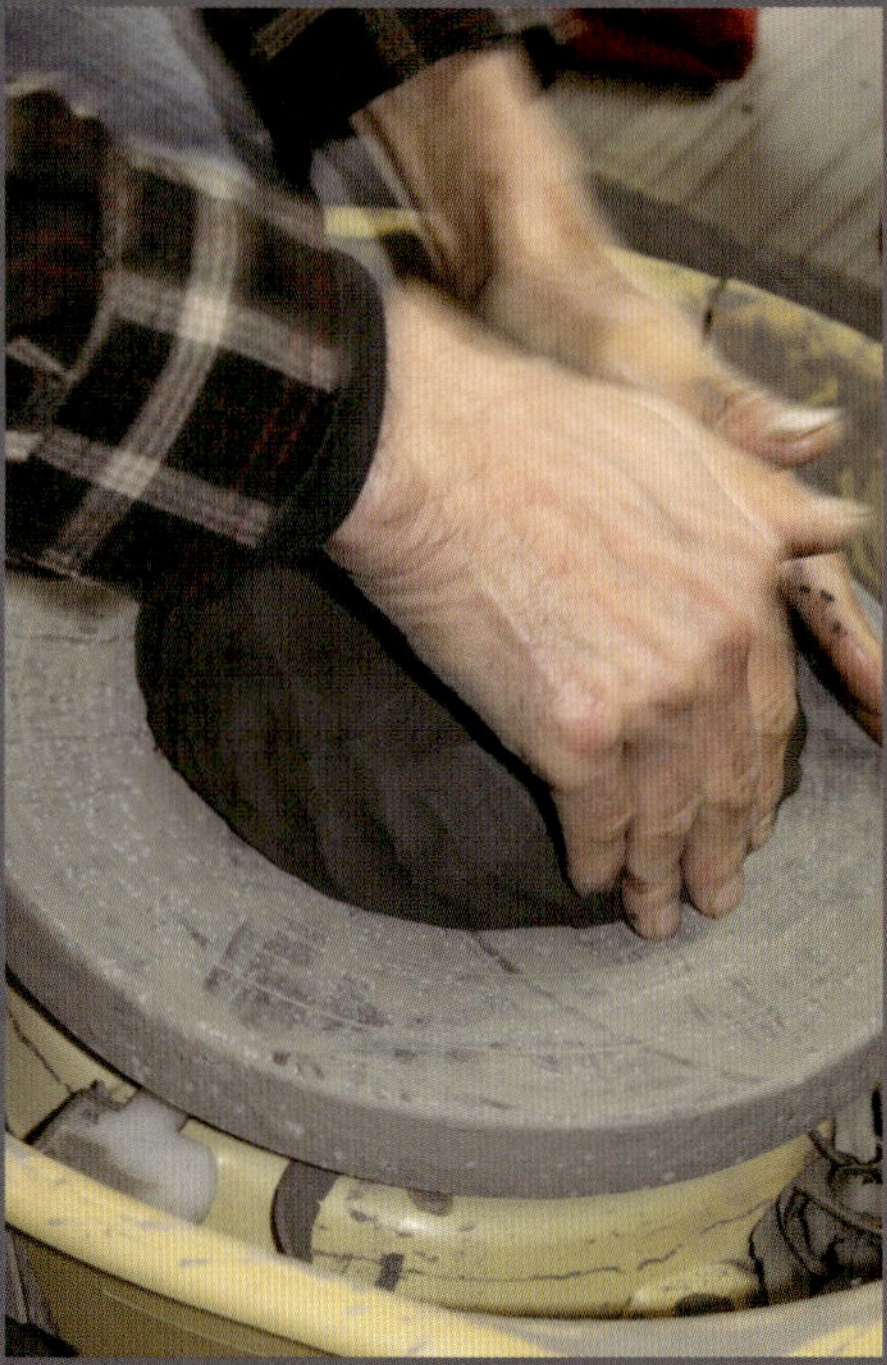

轆轤による花生の成形。次第に筒状に立ち上がり、胴がほぼできると、篦などでさらに形を整える。轆轤を回しながら、手と指、篦だけで生み出す。轆轤から切り離し、半乾燥したら、底を仕上げたり、耳を付ける。しっかり陶土を引き締めながら成形しないと、長時間の高温焼成にはもたない

成形後、水分を飛ばすため自然乾燥させた作品が棚にずらりと並べられていく

窯詰めは総出で作業に当たる。12、3メートルの登り窯に大小合わせて 1000 点を超える作品を詰めていく

作品と作品の間に敷く稲藁を木槌でほぐす

大きな作品の中に稲藁を巻いた小品が重ねられる。こうして焼かれると器肌に緋襷が出る

作品同士のくっつきを防いだり、牡丹餅をつくるための小道具「せんべい」をつくる

炎の流れと狙う窯変を考え
ながら、窯詰め作業は進む

焚き口近くに置くと、灰に埋もれるため、
桟切やこげなどの窯変を生む

ぎっしりと並べられた作品。この中を松割り木の灰が舞い、1250度前後の炎がごうごうと流れる

火入れ

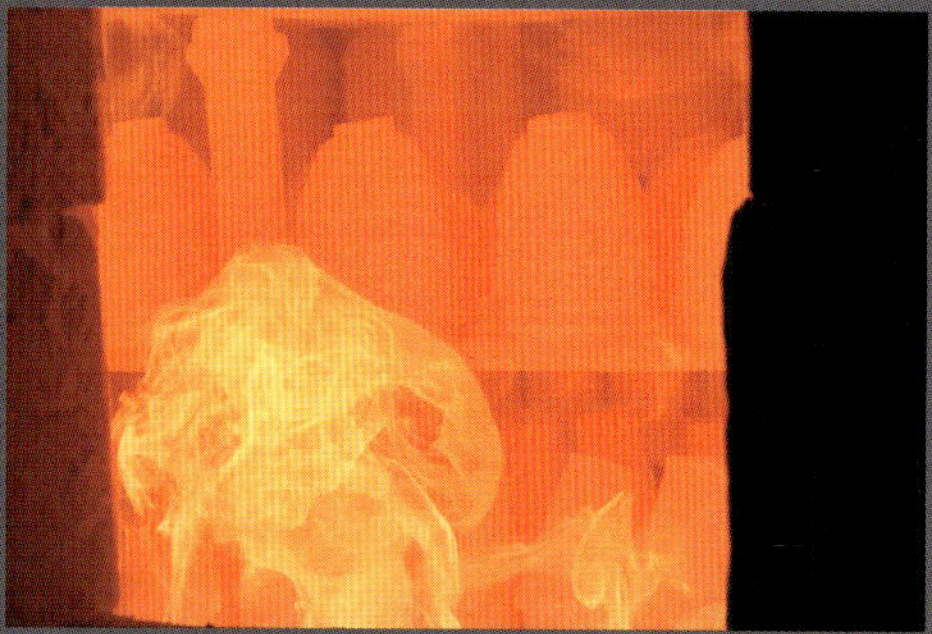

御神酒と塩を窯に供え、窯の神と陶祖に窯焚きの成功を祈る

ひと窯で焚かれる松割り木。5、6本が一束で、2000束あまり

窯の中は、松割り木が投入されるに従って徐々に暗い赤色から明るい赤黄色へ変わる。窯内へ差し込んで使う鉄製の道具なども真っ赤。“攻め”の段階になると大量の薪が放り込まれ、火の粉が舞う

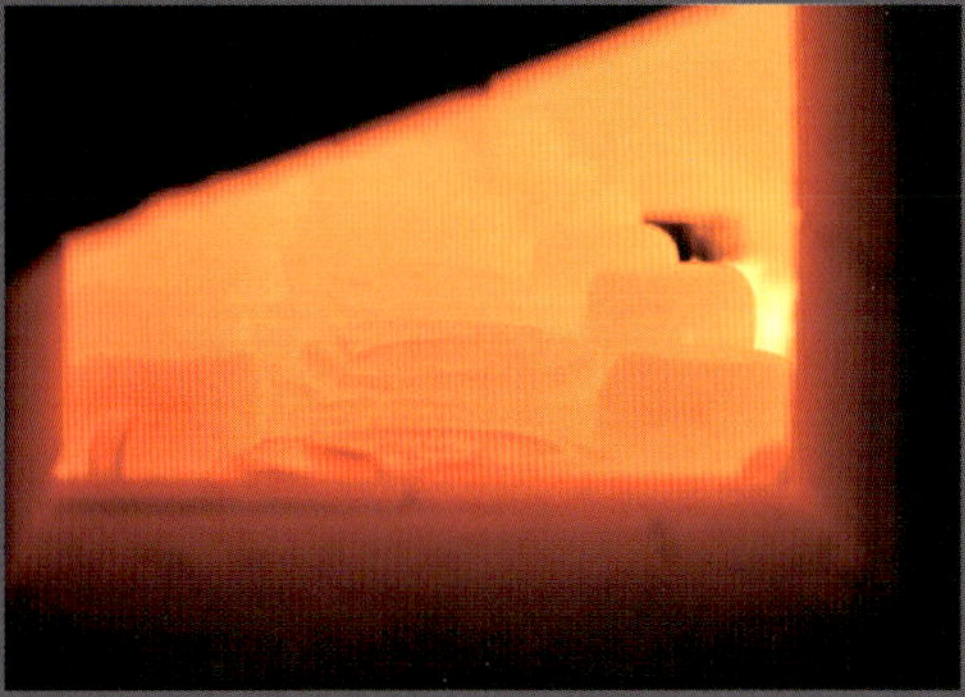

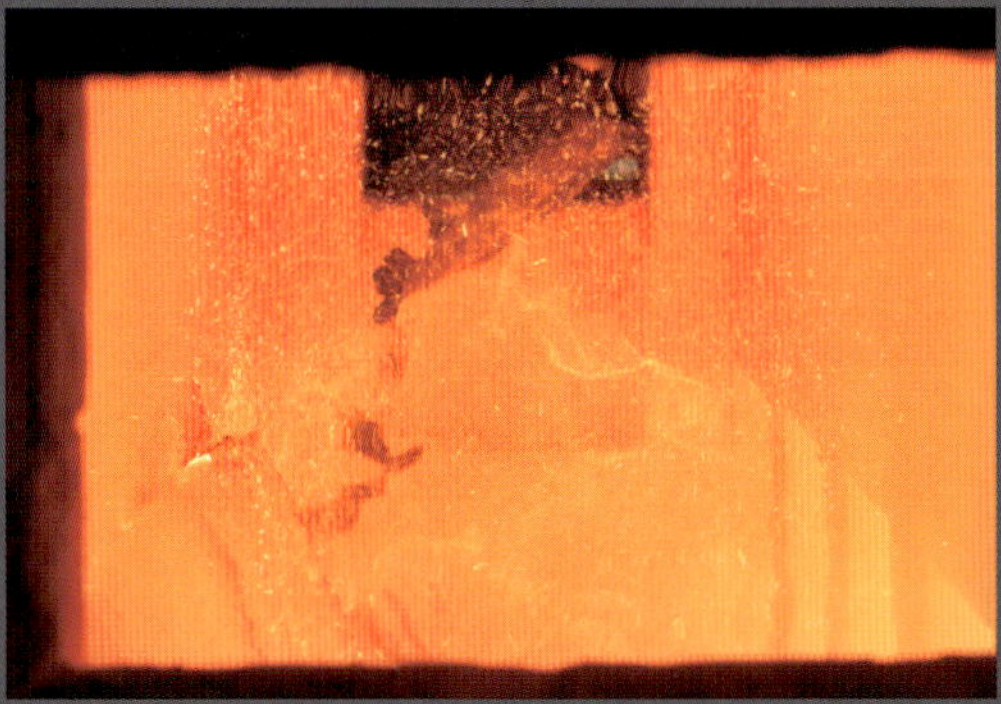

一つひとつ手作業で出していく

焼き上がった作品。下に置かれた作品は灰に埋もれている

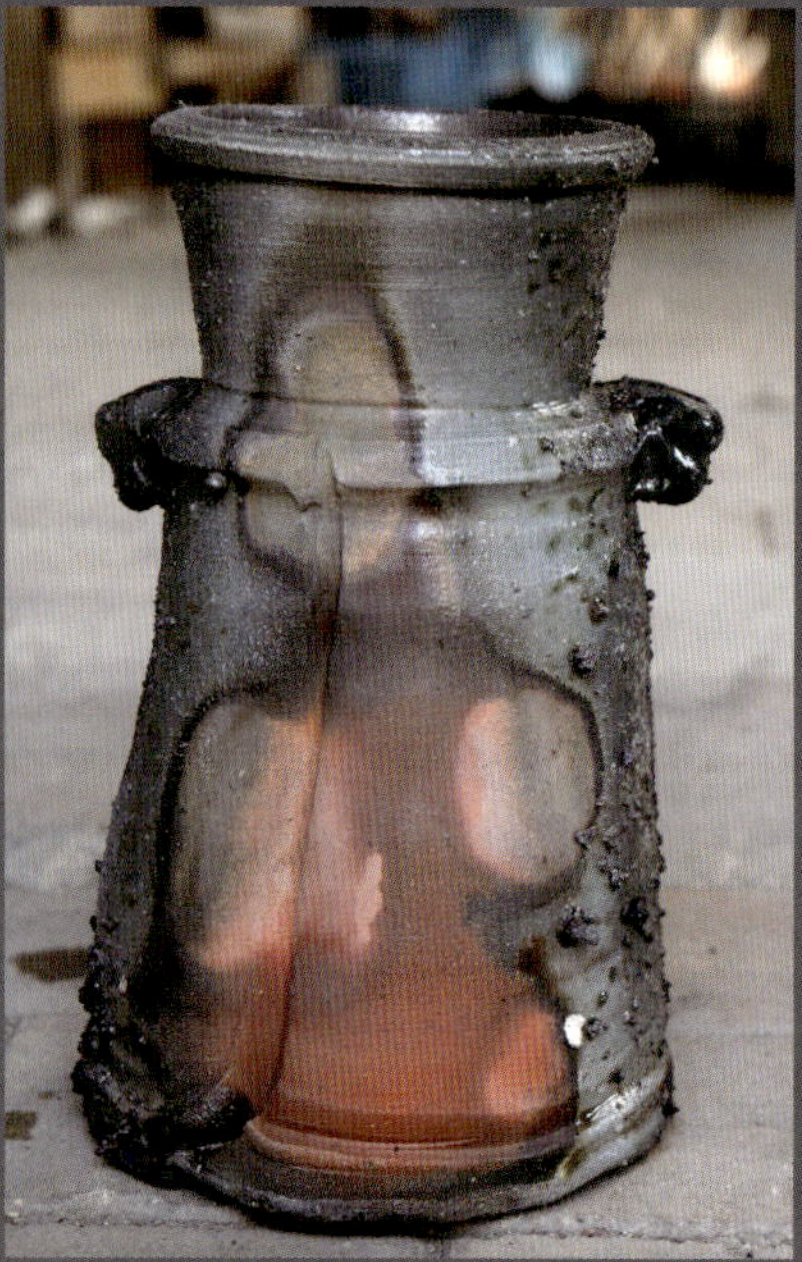

灰に埋もれていた作品。この後、汚れを落とすと、見事な窯変が現れる

磨き込むとつややかな見込が現れた

燃え尽きた稲藁がこびりついている

期待通りの窯変が出ているか、一つひとつの作品を眺めるのは窯出し時の楽しみ

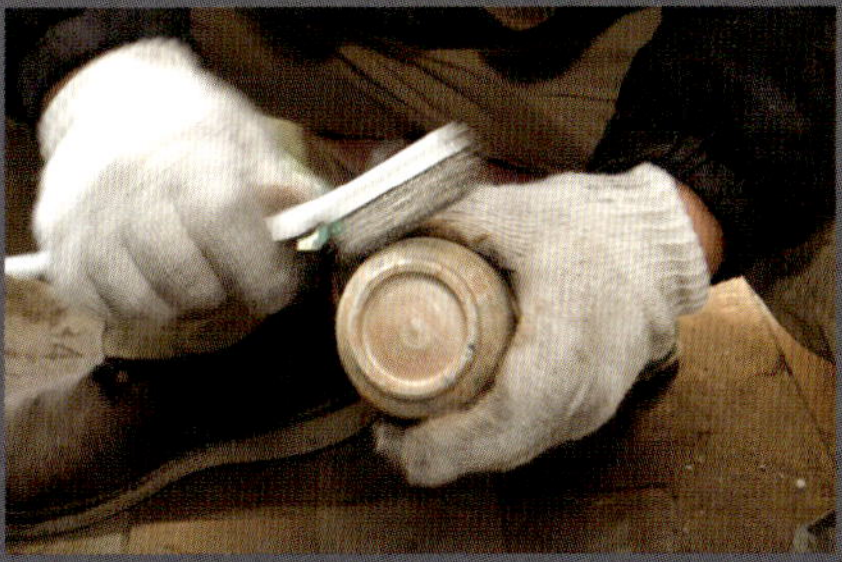

「手入れ」の工程。作品は1点1点ヤスリやブラシなどで磨かれて商品となる

させていく。
そしてクライマックスは「攻め」「大焚き」「取り立て」と呼ばれる本焚き。大量の割り木をどんどん投入し、温度を千二百度以上まで上げていく。器肌にかかった灰はこの段階で溶解し、さまざまな窯変を生み出す。こうして焼き締め陶の備前焼が焼き上がる。

ところで、登り窯のところで説明したように、ふつう登り窯は内部が何室かに分かれている。どこから焚き始めるかというと、正面の前部の運道《うど》から。ここが終われば焚き口を山土で塗り込めて、次の「一番（一の間）」と呼ばれる部屋にかかる。今度は窯の両側の焚き口から割り木を入れるが、この場合も最初は二、三本から始めて徐々に投入する数を増やしていく。運道と同じ工程を部屋の数だけ繰り返すのである。最後の煙道《けど》はもともとその名の通り煙の通る小部屋で、作品は入れなかった。近年はここも利用して窯焚きされる。

コラム⑩ ひだすき「窯焚の原点」

金重陶陽先生に教えられた焼き物のお話をいたします。

備前陶は、一焼け（焼成）二粘土《つち》（陶土）三型《かたち》（造型）と昔から言われています。実に端的に備前陶の原点を言い表した言葉だと思います。三位《さんみ》が一体となった時に名品が生まれる。釉薬を使わない備前陶は素肌の美を追及する焼き物であります。土味、肌味が生命《いのち》であります。

さて、一焼け（焼成）についてお話をします。陶陽先生の窯焚の腰掛けはビール箱かミカン箱でありました。もたれのあるイスは、それにもたれて寝ることがあるからだ。窯焚が最後の仕上げであるため、なかなか厳しく教えられました。

備前陶の窯焚はあがり前の二、三昼夜がもっとも大切であります。今のように温度計はありません。当時は窯の炎の色をしっかり目で確かめる。そして耳で窯の燃える音をしっかり聴くことをやかましく教えられました。窯の大切な時の二昼夜を通してたく窯焚は苦しい行でしたが、このことにより窯焚の原点をしっかり教えられ、今ではありがたいと思っております。

井田の藤原建ちゃんが陶陽窯を三昼夜通してたいて帰る途中、いねむりをしながら自転車に乗っていたため、橋の上から伊里川にはまった話を、酒の席でよく聞かされました。

火に素直、陶土に素直が先生の口ぐせでした。ご一緒で先生と窯焚をいくつかしました。下のたき口にいっぱい割り木をケタに組んでたく、そのたき方が実にすばらしい。ケタに組めば窯の燃えが非常によい。実に見事でした。

いよいよ、上のたき口の大くべです。先生の腰の構えがすばらしく、五本の指で割り木をひねって回転させながら、割り木をケタに組みながら、くべてゆく。完全燃焼さすことが大切であります。先生の窯焚は美しく、気品がありました。わらぞうりをはき、モンペで首にタオルを巻いた姿が、今も目に浮かんできます。

（備前焼作家・中村六郎　一九九七年三月十五日付「山陽新聞」朝刊に掲載）

窯出し

窯焚きの工程が終われば、次は窯出し。備前焼は釉薬を用いないため、どのような焼けになっているのかこの瞬間まで分からない。期待が高まるが、火を止めた直後はとても窯の中へ入れるような温度ではないため、自然に窯内部の温度が下がるまで待機。作品に傷が入らないよう、時間をかけて温度を下げていく。そして、およそ四、五日後、いよいよ窯開きをして作品を取り出す。炎を十分にコントロールできなかった場合には、置いた場所によっては半分以上が破損していることもあり、焼けも思うように出ないことも多々ある。傷ものなどは窯出し直後に割られてしまう。

窯からすべての作品を出し終わったら、次は「手入れ」。窯出し直後の作品は大量の松割り木や藁の灰、松炭が付着しているため、ヤスリやサンドペーパー、たわし、藁縄、布切れなどで丁寧に磨き込む。また作品同士や窯道具と比較的軽度にくっついている場合には慎重に切り離す。器物は水漏れもチェック。窯の大きさにもよるが、およそ普通の登り窯で一窯千点といわれる窯出しだが、その中で商品として店に陳列されたり、美術品として画廊に展観されるものは全体の二、三割。さらにその中で各種の公募展などに出品できるような作品は一窯千点の中でほんの一握り程度といわれる。

窯変などの味わい

胡麻

窯内が最高温度近くになり、焼成が攻めの段階に入ると、器の表面が溶け、そこに燃料の松割り木の灰が降りかかって付着し釉化する。まるでゴマを振り掛けたように見えるところから「胡麻」と呼ばれるが、その色は胎土の成分や炎の状態、温度、付着した松割り木の量や状態などにより異なる。化学的には、燃料の赤松のアルカリ分が胎土中の珪酸アルミニウムと反応して生じる。

一般的には胡麻を散らしたような景色がよく知られるが、窯の中の置く場所によりさまざまな胡麻ができる。黄色系がポピュラーだが、これは松灰中の鉄分と反応したもの。胎土の成分や炎の酸化・還元の状態、割り木の種類、温度などによっては白や黄、青、緑、褐色、黒などさまざまな色が生まれる。

胡麻を狙う場合には、作品を灰が多くかかる棚の上に置かれることが多い。逆に緋襷を狙う場合には灰がかからないように匣と呼ばれる円筒形の窯道具の中に入れて焚かれる。

降りかかった灰が熱で溶けて垂れた状態のものを「玉だれ」「胡麻だれ」「流れ胡麻」と呼ぶ。焼成温度の高いところで生じやすい。また胡麻を散らしたようなものを「飛び胡麻」という。灰が溶けきらずに器肌に付着し、荒れたガサガサとしたものは「かせ胡麻」といい、独特の渋い味わいがある。かせ胡麻は形状・色の違いにより「メロン肌」「榎肌」とも呼ばれる。かせ胡麻は緑の光沢を出すことも。「微塵胡麻」は米粉を振り掛けたような微小の粒状の胡麻。耐火度が高めの土を用い、松灰がうっすらとかかると生じやすい。胡麻が小さい糸くずを散らしたようになったものは「糸胡麻」という。

なお、胡麻は長いあいだ土中や水中に埋まっていたり、その量が多いと剥落することがあり、それらは胡麻剥《は》げと呼ばれる。その反対に伊部手などには作為的に胡麻を生じさせる技法もあり、それらはその手法により「掛け胡麻」「打ち胡麻」「置き胡麻」などと呼ばれる。

桟切

桟切の桟とは、窯の部屋を仕切る壁のこと。この桟の付近は灰が溜まりやすく、作品の一部が大量の灰によって埋もれた状態となることが多い。そのような状態になると灰に埋もれた部分は還元焼成となり、やや黒みを帯びた青灰色になる。これを桟切という。

桟切を狙う場合には、作品を桟の近くに置くほか、大きな作品の陰などにも置かれる。直接炎が当たらず燻でいぶされた状態にすることで還元焼成となり、暗灰色やねずみ色、青色、白色などに発色する。

自然に生まれた桟切を自然桟切、人工的に生み出したものを人工桟切という。人工桟切は窯焚きを止める直前に大量の木炭を投入し、還元焼成の状態を作ることから「炭桟切」とも呼ばれる。初代小西陶古（一八九九—一九五四）が師の三村陶景（一八八五—一九五六）とともに考案した。

牡丹餅

皿や鉢などの平らな部分にぐい呑などを載せて焼成すると、その部分には直接炎が当たらないため、牡丹餅を載せたような丸い模様ができる。それを牡丹餅といい、もともとは窯を効率よく焚くために作品を重ね置いたために生まれたもの。現在では、芸術性を高めるために意図的につくったり、その模様も作家の好みにより円形以外のものも見られる。

緋

焼成時にほかの作品や窯道具とくっついていたり寝かされていたため、直接炎を受けなかった部分だけがほかの部分より特に鮮やかな緋色を示すことがあり、これを「緋が出ている」という。土質や窯内の温度により、紅色や朱色となる。

緋襷

大型の作品や匣の中に、稲藁を巻いた作品を置いて焼成することでできる。もともとは窯の中の作品同士がくっつくのを防ぐため、藁を巻いたりはさんだりして焼成した結果生まれた窯変。直接炎が当たらず蒸し焼き状態になるため、器肌は白っぽく焼き上がり、稲藁を巻いた部分は緋色に発色。その模様が緋色の襷をかけたように見えるところから「緋襷」の名がついた。備前焼では最もポピュラーな窯変の一つ。蒸し焼きの度合いが高ければ高いほど、地肌の白と緋襷の赤とのコントラストが鮮やかになる。

稲藁の塩化カリウム分と胎土のカオリナイトとが溶融して発色するが、発色具合や緋襷紋のかかり具合など、作家が意図したようにコントロールするのが難しい。現在では、人工的に描いて生み出すことも可能になった。

なお、還元焼成で焼くと稲藁の部分が緋色に発色せずに黒くなり、黒緋襷と呼ばれるものになる。

青備前

燃料の松割り木の熾きや灰に覆われたり、直接炎が当たらず煙でいぶされる状態の場所に作品が置かれると、還元焼成となり青灰色や濃灰色を生む。青灰色となるのは、土の中の鉄分が還元焼成により酸化第一鉄に変化するため。

古くはまれにしかできないため珍重されたが、現在では人工的に生み出すことも可能。自然にできる青備前を「自然青」「天然青」と呼び、焼き上がる直前に塩を投入して人工的に作る「塩備前」と区別する。この塩を用いる技法を「塩青焼」といい、明治・大正期の名工初代藤原楽山（一八七六―一九二〇）によって考案された。

伏せ焼

複数の作品を重ねるようにかぶせて焼き上げることで、直に炎が当たらない部分は緋色や還元焼成となり、炎の当たったところは赤褐色に。上と下の焼け色が異なるところにこの窯変の妙があり、蕪徳利や壺類などによく見られる。

こげ

胡麻の一種で、灰が厚く大量に降りかかり、真っ黒に焦げ付いて、鍋が焦げたように見えるものをこげと呼ぶ。荒々しい野性味を醸し出す。

紫蘇色

鉄分の多い胎土を用いて還元焼成すると生じやすい。窯変というより、土そのものの地肌ともいうべきで、備前焼特有の焼き色として知られる。赤褐色や赤紫色に発色するものが多いが、時代や胎土によって色合いは微妙に異なる。しっとりとした紫蘇色の器肌に桟切や胡麻が生じると、実に味わい深い雰囲気を醸し出す。また、まれに金、銀の縞模様が紫蘇色の器肌に走ることも。使い込むほどに独特の光沢を放つ。

土味

備前焼を味わう楽しみの一つに土味が挙げられる。器にこれほど「土」の息吹を感じるのは、備前焼ならでは。ただこれが土味だという定義はもちろんあるわけではなく、窯変はもちろん、掌に持った時のごつごつ感、手触り、重さ、質感……それらのすべてが合わさって備前焼の土味を生んでいるといえる。備前焼の中には、一見ツルツルの金属器のような光沢を放つ「磨き」の作品もあるが、不思議なことにこうした作品にも豊かな土味が感じられる。

象嵌・自然練り込み

純粋な意味での窯変ではないがここ近年、「象嵌技法」と呼ばれる新しいジャンルが注目を集めている。成形時に色土を埋めて加熱するもので、窯変とあいまって斬新な表現が特徴。新鋭の備前焼作家の藤田哲英などが取り組んでいる。

「自然練り込み」も象嵌技法と同じく近年注目されている技法。原土が持つ成分のむらを生かしたもので、自然の土をそのまま切り出したような練り込みの肌合いが特徴。緋襷などの窯変がその器肌を引き締めて独特の美しさを醸し出す。備前焼作家の川端文男が十年かけて完成させた。

白備前

これも純粋な意味での窯変ではない。江戸時代中期に生まれた象牙色の備前焼。彩色備前とともに備前焼の衰退期に考案され、岡山藩を通じ宮中や徳川幕府に献上された。当時の白備前は白土に釉薬をかけたものが普通だが、白土をそのまま焼いたものも。白土の入手や焼成が難しいことから昭和初期以後途絶えていた。現在は、釉薬を使わず、鉄分の少ない白土を光沢のある乳白色に焼き上げる技法が確立された。

緋

胡麻

緋襷

桟切

青備前

牡丹餅

磨き

伏せ焼

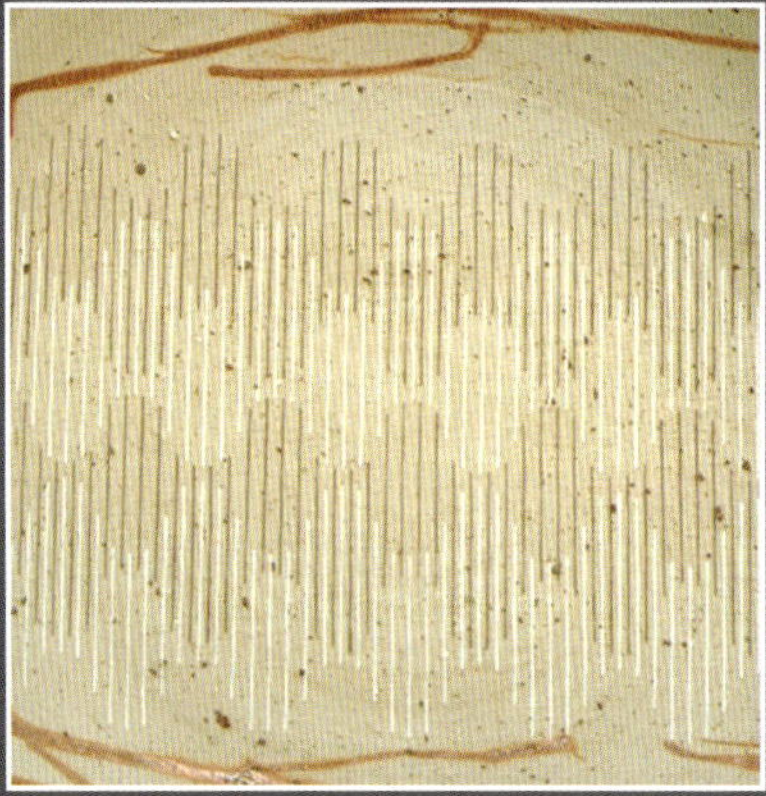

象嵌（藤田哲英氏の作品より）

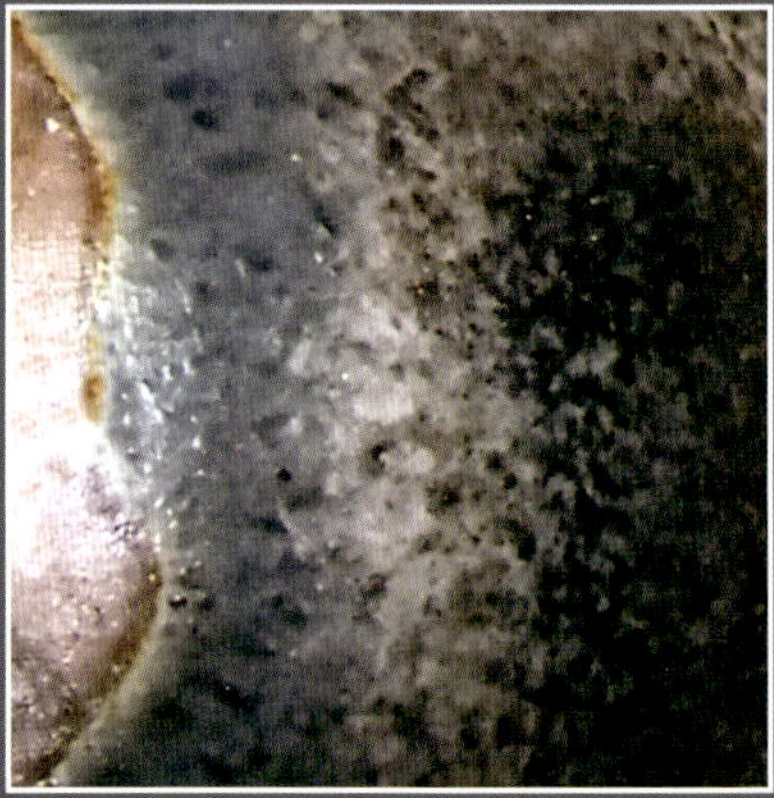

こげ

自然練り込み（川端文男氏の作品より）

紫蘇色

備前焼

ギャラリー陶魚庵

伊勢崎 卓・紳・創・競

備前市伊部872-1
TEL（0869）63-2003

備前焼
ギャラリー

若宮

土ひねり と 展示即売

（登り窯にて10日～15日かけて焚き上げます）（備前焼伝統工芸士 太田富夫の作品）

〒701-4234 岡山県瀬戸内市牛窓町長浜5075
TEL（0869）34-6580
URL：www.wakamiya-bizen.com
E-mail：info@wakamiya-bizen.com

電話にて予約受け付けております。

P 駐車場あり（15台）無料〈団体も歓迎〉

備前焼窯元

明光窯

岡山県赤磐市仁堀東1077
TEL（086）958-2603

- 岡山市内より車で約45分
- 中国自動車道 美作I.Cより車で約30分
- 山陽自動車道 山陽I.Cより車で約30分

http://www.nishinoya.co.jp/

第四章

人間国宝

金重陶陽

金重陶陽は一生のうち三回も作風を大きく変えた。

一八九六（明治二十九）年、陶陽は備前焼の名門「窯元六姓」の一つ、金重家の分家の長男に生まれた。作陶家を志したのは十四歳の時。一九一〇（明治四十三）年、伊部尋常高等小学校高等科を卒業後、細工物を得意とした父楳陽に師事した。備前焼が最も衰微したといえる時代で、花鳥や動物、人物などをかたどった置物、香炉といった細工物が主流。その中にあって巧みな技巧と独自に加えた工夫ですぐに頭角を現し、二十代前半ですでに備前を代表する細工物作家（デコ師）として注目を集めるようになった。

若くして頂点を極めた彼は、昭和初頭、三十代半ばから轆轤を挽き始め細工物から桃山時代風の茶陶へと制作の中心を移していく。この背景には時代の風潮があった。

当時は、日清、日露戦争や第一次世界大戦を経て日本の国力が増大。明治維新以来の欧米至上主義で衰退していた日本の伝統文化の再評価が盛んに行われるようになった。華やかさの中に日本特有の「侘」「寂」を含んだ桃山の茶陶もその一つ。陶陽だけでなく荒川豊蔵（一八九四―一九八五、瀬戸黒・志野の人間国宝）や加藤唐九郎（一八九八―一九八五）、十二代中里太郎右衛門（後の無庵、一八九五―一九八五、唐津焼の人間国宝）といった、後に大作家となる気鋭の陶芸家、研究家たちはこぞって調査に着手。日本の陶芸界全体が職人の世界から芸術家へ脱皮しようともがいていた。

桃山風の茶陶を制作するには、何より当時の名品を見ることが必要。しかし、今のように展覧会のない時代、つてを頼りに個人所蔵の作品を見せてもらうしかなかった。

そのため陶陽は、岡山県の実業家や文化人はもとより、陶芸家の石黒宗麿（一八九三―一九六八、鉄釉陶器の人間国宝）、加藤唐九郎や陶磁学者の小山冨士夫（一九〇〇―七五、倉敷市出身）、書家の田山方南（一九〇三―八〇）らと幅広く交流。荒川や陶芸家で銀行家だった川喜田半泥子（本名・久太夫政令、一八七八―一九六三）、萩の三輪休雪（後の休和、一八九五―一九八一、萩焼の人間国宝）とは研究グループ「からひね会」も結成した。

さらに、ソフト面では、武者小路千家などで茶道を本格的に学んで茶道具への理解を深め、ハード面では、桃山風の味わいを求めて土の作り方や轆轤の挽き方、窯詰め、窯焚きを徹底的に研究した。「いい土は食べたら分かる」「土に素直に、火に素直に」「窯焚きは赤ん坊を育てるように」といった当時の言葉からも、その研究ぶりが伝わってくる。

陶陽は、桃山風の茶陶を約二十年にわたり追求し、この分野でも備前焼の第一人者となった。それでも止まらないのがこの人。五十代半ばを過ぎて、さらに作風が大きく変化する。

転機は、一九五二（昭和二十七）年に陶陽の窯を訪れた北大路魯山人（一八八三―一九五九）と抽象彫刻家イサム・ノグチ（一九〇四―八八）との出会い。二人は一週間にわたって陶陽と作陶に取り組むが、魯山人は、針金で切り出した板状の粘土で無造作に皿や鉢を五百点もつくり、一方のノグチは、精密なデザイン画に基づいた石膏の型でオブジェ的な作品五十点を丁寧に仕上げた。

魯山人の板づくりの技法も、ノグチのオブジェ的な造形も、それまでの備前焼には全くなかったもの。板づくりは、陶陽だけでなくほかの備前焼作家にも受け継がれている。さらに昭和二十年代以降、陶陽の作品にオブジェ的、彫刻的な造形作品が見られるようになる。明らかにノグチの影響によるものだろう。

陶陽は、五六年に人間国宝になり、その後十年ほどで亡くなるが、この時期に、作風がもう一度変化する。あたかも自由に作陶を楽しんでいるふうの伸びやかな作品だ。そこには彼が長年交流を重ね、生涯を通して尊敬した川喜田半泥子の存在がある。実業家であり、昭和に入って各地の窯を研究。陶工や陶磁研究者らと交流を深めながら、自由で即興的な茶陶の秀作を数多く制作した。陶芸以外にも書画をよくし「東の魯山人、西の半泥子」と並び称されたスケールの大きさもさることながら、彼の作品が醸すおおらかな温かさ、豊かさにあこがれたと思われる。

晩年の陶陽は「僕はどうもやりすぎる。一歩手前でやめとけばよかった」と常に反省していたという。下手の良さ、稚拙の美、自由でてらいのない作品を求め続けていたのではないだろうか。

この多種多様な変化、頂点に立ちながらたゆまずに新たな目標を目指す姿勢にこそ、陶陽の偉大さがある。その根底にあるのは、一つひとつの作品に対する強いこだわり。最晩年まで手回し轆轤に固執し、土は田を深く掘って採取したものから小石や不純物を手で取り、最低三年は寝かせて使う。窯は、何十回も失敗し、ドイツのマッフル窯も研究するなど、血のにじむような努力を重ねた。

その果てにたどり着いた造形や陶土、窯の工夫は他の備前焼作家にも大きな影響を与えた。現在の作家で、陶陽の恩恵を受けていない人はいない。

陶陽は桃山備前を超えたのか——。陶陽の茶陶は、細工物の巧みさで知られた人が、力強い桃山風を再現した作品。雑器を手掛けていた陶工が作った当時の器とは根本的に違うものであり、単純に比較はできない。あえて言えば、彼の作品には、荒々しく豪快な桃山備前にはない、気品とファッション性があるということだろう。独自の美意識を昇華させた。

多彩な交友関係も作陶に深みを与えた。陶陽の作品は、古備前との関係だけでは語れないスケールの大きさがある。それは、彼が並外れた社交家であり、全国各地の陶芸家との交流を通して、他窯で積極的に作陶したこととも無縁ではないだろう。陶芸家で実業家だった川喜田半泥子の千歳山窯、後に人間国宝となる瀬戸黒・志野の荒川豊蔵の美濃牟田洞窯、唐津の中里太郎右衛門窯、最晩年には米国・ハワイ大に講師として招かれ、そこで作陶もしている。彼が作陶した窯は枚挙にいとまがない。その中で、さまざまなものを作品の糧とし、相手の作家にも影響を与えた。

陶陽とともに、中世以来の復活を遂げた備前焼が、空前の爆発的な大ブームを巻き起こしたのは、山陽新幹線新大阪—岡山間が開通した一九七二（昭和四十七）年。後に〝中興の祖〟といわれる陶陽が七十一歳で亡くなって五年後のことである。

一八九六年　一月三日、金重楳陽の長男として現在の備前市伊部に生まれる。本名は勇
一九一〇年　父について作陶を始める
一八年　このころ「陶陽」の号を用いる
三〇年　桃山調備前の土味を出すことに成功
三二年　本格的に轆轤を挽き始める
三九年　皿などの重ね焼きで緋襷を作ることに成功
四二年　川喜田半泥子らと「からひね会」結成
四九年　藤原啓、山本陶秀ら備前焼六作家で備前窯芸会を結成
五二年　石黒宗麿、荒川豊蔵らと日本工芸会設立（五五年）を協議
五四年　岡山県重要無形文化財保持者に指定
五六年　重要無形文化財保持者（人間国宝）に認定
五七年　日本工芸会東中国支部発足。米国・ロサンゼルスなどで個展
六七年　昭和天皇皇后両陛下が備前ご来訪、御前制作する。十一月六日没

ひだすき「酒豪二人の先生」

戦後の備前焼にもようやく薄日が射し始め、世の中も少しは落ち着いてきたころの話だ。当時は、窯元も作家も少なく、全部で二十数軒。細々と窯の煙を絶やすことなく頑張っていた。今、こんな話をしても、だれも本気で聞く人はいないと思うが、苦しい時代であった。

私の窯を焚く時は、岡本さんという農家のおじさんを頼んで、手伝いをしてもらっていた。昭和四十二年ごろのこと。その岡本さんから、こんな話を聞かされた。

昭和三十年代の初めころ、車を引きながら高梁市内の高梁川に沿った道を歩いていた時（岡本さんが備前焼を行商していたころのことと思う）、ある旅館の二階の窓から、金重陶陽先生と藤原啓先生の備前焼のそうそうたる二人の先生が顔を出し、呼び止められた。

「岡本君、岡本君」と呼ぶので、「なんですりゃ」と答えると、「なんとなあ、いなして（帰して）もらえんのじゃあ」という。「なんしてですりゃあ」と聞くと「この勘定を払わんと帰さんというので困っておるのじゃあ」と言われた。私も、備前焼をここまで売りに来て、少しは金を持っていたので、金額は忘れたが、立て替えて支払いを済ませ、二人を無罪放免にしてさしあげた。

両先生とも、高梁まで作品を売りに来て売れなかったのでしょう。二人とも酒豪であり、夜の明けるまで放談しながら飲んで、飲み代がなかったか、不足して宿から帰らせてもらえなかった、と思ったという。

私もその後、その旅館に一泊したことがある。座敷の壁に、有名な歌人であった与謝野鉄幹、晶子の短冊が掛かっていたことを思い出す。（備前焼作家・各見政峯＝現・壽峯　山陽新聞朝刊　一九九九年一月十五日掲載）

備前緋襷花器（1950年、個人蔵、高さ31.3cm×口径12.3cm×胴径12.3cm）

備前緋襷茶入（個人蔵）

備前牡丹獅子香炉（個人蔵）

青備前 諫鼓鳥香炉（個人蔵）

備前長角台鉢（1953年、個人蔵）

備前三角擂座花入（1954年、岡山県立美術館蔵、高さ29.3cm×胴径14.0cm）

半月手鉢（1956年、個人蔵）

備前耳付水指（1963年、個人蔵、高さ18.4cm×胴径21.0cm）

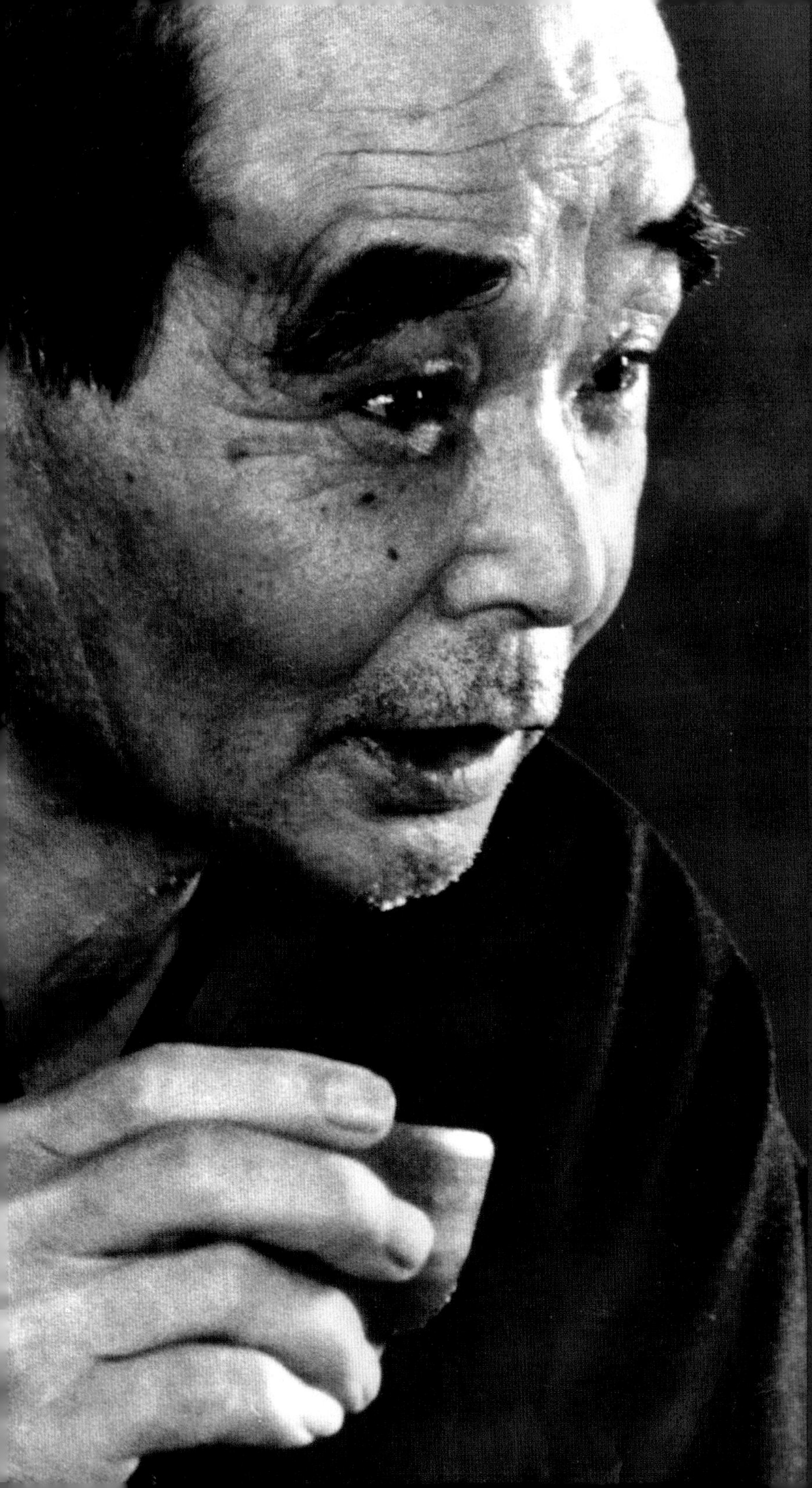

藤原　啓

「土で詩を書く。ペンを土にかえただけだ」

文人陶芸家――。藤原啓を言い表すのにこれほど端的な言葉はない。

備前焼初の人間国宝・金重陶陽が少年時代から修業を始めたのに対し、啓が取り組んだのは三十九歳。小学生からの作家になる夢に挫折。人生半ば、妻子を抱えての方向転換だった。「表現の方法が、文章から土に変わっただけ」

一八九九（明治三十二）年、後に備前焼二人目の人間国宝となる藤原敬二は岡山県和気郡伊里村穂浪（現備前市穂浪）に生まれた。少年時代は「少年世界」などの雑誌を愛読し盛んに投稿もする子どもだった。やがて文学を志して上京し、文学のほか演劇、音楽、絵画などに幅広く触れながら青春時代を過ごす。

しかし、関東大震災（一九二三年）の被災など苦しみも味わい、一九三七（昭和十二）年に三十八歳で失意のうちに夢破れて帰郷。同郷の文学者正宗敦夫（一九五八年没）の勧めと三村梅景の手ほどきで土を触り始めたのは、既に四十歳を目前にしてのことだった。

ところが、技術の修練では負のはずの前半生が、作品世界に豊かに結実していくのが見えてくる。初代人間国宝の故金重陶陽の指導を受けて技法を極め、同二十九年に県指定重要無形文化財保持者、同四十五年には国指定重要無形文化財保持者（人間国宝）に認定された。

素朴で飾り気のない人柄そのまま。おおらかで滋味豊かな作風。華麗な桃山備前を理想に掲げた陶陽に対し、啓が目指したのは鎌倉、室町期の素朴美と力強さ。さらに独創性が加わる。「擂座壺」は昭和三十年代以降、得意とした形。備前壺といえば肩が張った形が普通だった。啓は中央より下が最大直径となる見た目にもどっしりと造形した。

「今の作家は当たり前に作るが、啓さん以前、あんな壺は一つも無かった。新しい物を生み出してこそ、芸術」と元倉敷市立美術館長の上西節雄は話す。職人技から芸術家の仕事へ昇華させたことが、啓の残した大きな功績。ありそうでない独創の形。深い教養を身に付けた遅咲きの人ならではの定型に縛られない芸術世界といえる。晩年、啓は随筆「筆と土と酒」で述懐している。「文は人なり」という。啓は土と炎の産物に、己を投影した。

「備前花入」（昭和十年代）のうねうねとした伸び上がりようなど、初期作品から感じさせる土への深い思い入れ。大きな脚にぽってりとした壺が乗る姿が愛らしくもある「備前扁壺」（同二十年代）、伸びやかな造形と小さな耳のバランスが絶妙な「備前擂座壺」……。時にひび割れも景色にするざっくりとした土味、土肌に染み入る窯変や深い緋色が味わい深い焼け、そして造形の調和。単なる器を超えて、詩情ともいえる雰囲気がにじむ。

夏の夕に目をふせて　君と別れし日を思ふ　ひとり寂しくつゆ草の

一九二二年に出版された詩集「夕の哀しみ」の甘い、感傷的な七五調の詩の一編。作家を夢見て東京で文章修業を積むロマンチスト、不二原敬二時代の作だが、後年、啓は備前焼を形容し「うぶで、はちきれるような健康美をもっている田舎娘のような」と表現。青年時代から変わらずそうした素朴さを文に土に追い求めながら一九八三（昭和五十八）年、永眠した。「備前の土は本当に私の救世主です（中略）私のデカタニズムな前半の人生も救われたのです」

一八九九年　二月二十八日、藤原伊三郎の三男として現在の備前市に生まれる。本名・敬二
一九一七年　閑谷中を四年で中退
一九年　神戸、京都などを経て上京
二〇年　出版社に就職、正宗白鳥、菊池寛らと交流
二一年　坪内逍遥をたより、早稲田大学英文科に聴講生として入学する
二三年　不二原敬二のペンネームで処女詩集「夕の哀しみ」を抒情詩社から出版する
三二年　前年に結婚した妻勝代との間に長男雄をもうける
三七年　帰郷
三八年　正宗敦夫の勧めと三村梅景の指導で備前焼を始める
四一年　正宗敦夫の紹介で金重陶陽と親しくなり、指導を受ける。倉敷市水島の三菱重工業へ勤労動員される。軍から備前焼の手榴弾体を焼くように命ぜられる
四二年　桂又三郎の斡旋で禁酒会館（岡山市）で初個展
四八年　金重陶陽、山本陶秀とともに国指定の芸術陶磁器第二部資格者に指定
五三年　初の東京個展を開催
五四年　岡山県重要無形文化財保持者に指定
五六年　日本工芸会正会員に
五八年　日本工芸会理事に
六二年　プラハ国際陶芸展で金賞を受賞
六三年　山陽新聞賞、岡山県文化賞、中国文化賞をそれぞれ受賞
六九年　皇居・新宮殿に擂座壺一対を納める
七〇年　重要無形文化財保持者（人間国宝）認定
七三年　岡山県の三木記念賞受賞
七六年　長男雄との父子展がフランス、スイス、ベルギーで翌年まで巡回
八一年　岡山県名誉県民に
八三年　十一月十二日、八十四歳で死去

台付透し文壺（高さ28.5cm×胴径28.5cm、昭和20年代）

耳付窯変花入（昭和30年代）

備前茶盌（個人蔵）

山本陶秀

その指が轆轤上の土塊に触れるや、まるで生命を吹き込まれたかのごとく土は自在に伸び、広がり、すぼまって、見る間に、凛とした花器に姿を変える。陶陽も舌を巻いた、という轆轤技の冴え――。山本陶秀は備前焼の灯が消えようとしていた戦前から、金重陶陽、藤原啓と共に、戦後の備前焼復興を支えた〝備前三人衆〟。陶陽、啓両氏亡き後は、作家では初めて日本工芸会中国支部の幹事長を務めるなど、優れた陶技と温和な人柄で備前焼を支えた。その人柄を映したような茶陶の穏やかな世界は、「華麗な陶陽」「豪放な啓」に対して、「温雅の陶秀」と並び称される。

本名、政雄。一九〇六（明治三十九）年、岡山県和気郡伊部村（現備前市伊部）の農家の次男に生まれた。当時、伊部界隈には「かめもち」というアルバイトがあった。山から松割り木の束を担ぎ下ろすという肉体労働。少年時代の政雄はさかんにこの「かめもち」をやって小遣い銭をかせいだという。十五歳で伊部の窯元の職人（陶工見習）に入り、来る日も来る日も裸電球の下で早朝から日が暮れるまでひたすら轆轤を回し続けた。窯を築き、作家として独立したのは一九三三（昭和八）年、二十七歳の時。卓越した轆轤技術と天性の手先の器用さから早くから「轆轤の名人」と賞されていた。

その技を支えたのはおう盛な研究心。家一軒建てるのが四百円の時代に、百九十円の「大正名器鑑」を月賦で買い求め、茶陶づくりに励んだのは有名な話。その数年後、京都の陶芸家楠部弥弌（故人、文化勲章受章者）に師事するため、一家挙げて京都に移住するなど、ひときわ抜きんでた探求心があった。楠部のもとでは釉薬や造形を学んで作陶に専念。イサム・ノグチや北大路魯山人らとも交遊し、感性と芸域を広げていく。そして十歳年長の陶陽の薫陶も受けながら、自身の作陶を磨いていった。

範にしたのは桃山期の茶陶。特に切れ味鋭い轆轤技の茶入などを得意とし「茶入の陶秀」の異名を取った。しかし、その卓越した技ゆえに職人芸と見られることも。また桃山備前の美の特徴であるさりげない作為という点からも、陶秀の作品はあまりに作為的でありすぎた。受難の日々ともいえる中でやがて陶秀は一点の不安もない轆轤技をさりげなく包み、気品と滋味を醸し出していく至芸を見せていく。

陶秀の真価は、職人芸の世界に安住しなかったところにある。天分と努力を凝縮し、作為という煩悩から解脱し「遊心」を生む境地に至ったのが晩年の茶陶、特に茶入だ。陶秀は生前「自分の陶技のすべてを注ぎ込んだ茶入は、一つひとつが私自身のようなもの」と語った。紫蘇色の地と抜けの緋による鮮やかな片身替わりに、胡麻が景色良く散った「肩衝茶入」、流れ胡麻の侘びた風合いが何ともいえない「大海茶入」……。土、細工（轆轤）、焼けの三拍子がそろった〝陶秀備前〟を確立する。

だが最高峰への道は遠かった。酒もたばこも断ち、ひたすら陶技を磨いたが、人間国宝の認定を受けたのが、八十歳になってから。内定の電話に思わず涙をこぼし「うれしいときにも涙が出るもんですな」と語った。温厚、柔和、地味といわれた陶秀の人柄をよく表すエピソードだ。

死期の迫った入院中もスケッチブックに茶碗や花入、徳利などの器形を描くことをやめなかった。妻浜子さんによると、病状が悪化して酸素吸入の折、口から外したマスクを手の中で丸めているので、取り上げようとすると「土を持っとんのに、何しよんなら」としかられたという。根っからの陶工。最期までやきものづくりへの執念を燃やし続けた人生であった。

「比類のない手技を持ちながら、それを表に出さず、自然になるに任せたような無作為の美に到達した」。没後十年を記念した回顧展（二〇〇四年四月、岡山市）で、駆け付けた美術評論家の乾由明もそう評価した。古備前を再現した金重陶陽、備前焼に近代感覚を植えつけた藤原啓に対し、技術そのものに生きた陶秀。三者の功績があってはじめて今日の備前焼がある。

「これは、という物はまだできません。ほかの者に追従を許さん物というのは、なかなか……」。頂点を目指し続けた人ならではの厳しさと自信が伝わってくる。

一九〇六年　四月二十四日、現在の備前市伊部に生まれる。本名・政雄

二一年　窯元の職人に。号「楽友」

三三年　築窯、独立。号「陶秀」

三八年　京都の楠部弥弌に師事

四三年　軍需省嘱託として輸出用食器を制作。手榴弾体も

五四年　岡山県重要無形文化財保持者に

五五年　第二回日本伝統工芸展で初入選

五六年　大阪で初個展

五九年　日本工芸会正会員に。ブリュッセル万国博でグランプリ受賞

六四年　欧州旅行

七〇年　日本工芸会東中国支部幹事長に

七二年　岡山県文化賞

七五年　山陽新聞賞（文化功労）受賞

七六年　紫綬褒章受賞

八七年　備前焼の重要無形文化財保持者（人間国宝）に認定

九四年　四月二十二日、八十七歳で死去

備前肩衝茶入（1985年、岡山県立美術館蔵、高さ8.6cm×口径3.6cm×胴径7.9cm×底径4.3cm）

備前花瓶（1990年、岡山県立美術館蔵、高さ35.9cm×口径13.3cm×胴径32.5cm×底径15.0cm）

備前窯変花入（個人蔵）

藤原 雄

「備前焼を世界的な焼き物にすること」。一九九六（平成八）年、人間国宝に認定された時、藤原雄は自らの使命をこう力強く語った。

金重陶陽、藤原啓、山本陶秀と続いた人間国宝の系譜を継いだ藤原雄は一九三二（昭和七）年、藤原啓の長男として岡山県和気郡伊里村（現備前市伊里中）に生まれた。備前焼の名門の家に生まれはしたが、初めから陶芸家を志したのではない。明治大文学部から出版社に就職。だが父の病を機に、倉敷市出身の陶磁研究家小山冨士夫（一九七五年没）に「備前の土になれ」と勧められ帰郷。父の啓のもとで修業を始めたのは一九五五（昭和三十）年のこと。「一つの土が手の中でうごめき、形になる面白さ」にひかれた。時には轆轤の回し棒で殴られながらも、独自の陶技を磨いていった

作風的には、備前焼研究家の上西節雄元倉敷市立美術館長が指摘するように、父の延長線上にある。単純、明快、豪放――。「細工をろうしない作家。窯変をほとんど使わず、せいぜいが胡麻くらい。緋襷でさえまれ。十五キロ、二十キロもの土を腕力でぐいぐい造形する。あの豪快さこそ、藤原家のお家芸」と上西は話す。だが、そこはやはり、その教養と人となりが投影され、独自の世界へと膨らみを見せる。

そして豪放な中に繊細な優しさをもたらせたのは、左目は失明、右目も弱視というハンディ。それを逆手に取り、手のひらや体を通して、父譲りの詩魂をやきものに注ぎ込んだ。「人一倍作陶には時間がかかるかもしれないが、それだけ手の中で長く土をこね（略）土をいとしいと感じる」（備前焼　藤原雄」）と、ハンディを手と土の対話で克服。「目ではなく、土に触る自らの手を信じ、心を込めてやってきた」。人間の温かさ、純粋さ、素朴さの中に精神性が感じられる作品を目指し、作品からは人柄を感じさせるおおらかさが漂う。

特に〝壺の雄〟と呼ばれた代名詞の壺は圧巻。「備前擂座大壺」（昭和六十年代）をはじめ、腰から肩へと強く張る形の力強さ。父と違う窯で、たっぷりと胡麻を降らせ、強い窯変をまとわせた姿。繊細さとスケールの大きさを兼ね備え、華やかでさえある。

作陶に励む一方、若いころから備前焼の国際化を積極的に推進した。一九六四年、早くも欧米の大学などで講座を持ち、アメリカ、カナダで個展を開催。「当時は備前焼の知名度、評価ともに低く、なかなか認めてもらえなかった」と、語ったことがあるが、七〇年代に「古備前と藤原啓・雄父子展」を欧米三カ国の美術館で巡回、八八年には日本人として初めて韓国・国立現代美術館で個展を開くなど、日本の一地方の焼き締め陶を世界へ押し出した。

こうした先駆的な取り組みは九七年、備前焼界挙げての初の本格的な海外展「備前焼パリ展」（フランス国立陶磁器美術館）に結実。そのバイタリティーは、それまでの備前焼の枠を踏み越える。パネル展示の「陶壁」も、ダイナミックな構成と備前焼ならではの多彩な焼けを生かし、建築とのコラボレーションを実現。活躍の場は国際的にも広がり、備前焼を世界にまで知らせた功績は計り知れない。金重陶

陽、父の藤原啓、山本陶秀の人間国宝三氏に続く現代備前焼第二世代のリーダーとして、一地方のやきものを全国へ、世界へと広めた。

「父にもし備前焼が無ければ、生活にさえ困っていたかもしれない。備前という窯業地を知らしめるのは、精いっぱいの感謝と恩返し。倒れた時でも言ったんです。『備前が好きじゃから』と」長男・藤原和は父を懐古する。

一九三二年　六月十日、藤原啓の長男として現在の備前市に生まれる
五一年　明治大学文学部日本文学科に入学
五五年　啓のもとで修業開始
六〇年　一水会賞受賞。初個展を東京、岡山で開催
六一年　日本工芸会正会員に
六三年　スペインにおける国際陶芸展に招待出品、大賞受賞
六四年　アメリカ、カナダ、メキシコ、スペインの大学などで備前焼の講座を持つ。アメリカ、カナダで国外初個展を開く
六六年　米・サンフランシスコ州立大夏期大学講師となる
六七年　昭和四十一年度最優秀作家として日本陶磁協会賞受賞
七三年　金重陶陽賞受賞。豪の高校、大学で備前焼指導
八〇年　岡山県重要無形文化財保持者に指定
八四年　山陽新聞賞受賞
八七年　日銀岡山支店にレリーフ制作
八八年　韓国国立現代美術館で個展。日本工芸会理事、同会中国支部幹事長に
九〇年　芸術選奨文部大臣賞受賞
九二年　大英博物館に「擂座大壺」「窯変花入」が収蔵される
九六年　重要無形文化財保持者（人間国宝）に認定
九七年　岡山県の三木記念賞受賞
　　備前焼界挙げての初の本格的な海外展「備前焼　千年の伝統美展」（備前焼パリ展、フランス国立陶磁器美術館）開催に尽力する
二〇〇一年　十月二十九日、六十九歳で死去

大徳利（昭和40年代）

擂座大壺（昭和50年代）

備前四方皿（個人蔵）

伊勢崎　淳

備前焼八百年の伝統に新たな扉を開く革新者——。金重陶陽や藤原啓など過去の人間国宝が桃山期や鎌倉・室町期への回帰を目指したのに対して、伊勢﨑淳が求めるのは伝統を踏まえた上での革新性。現代美術に触発された造形感覚で、創意あふれる作陶を展開してきた。「現代作家に必要なのは独自性。桃山時代の茶陶も当時としては大変な革新。時代ごとに、備前土の材質感を生かしながら、常に新しいものを追い続けてきた連鎖が本当の意味の伝統」と言う。

伊勢﨑淳は一九三六（昭和十一）年、備前焼細工物の名工で岡山県重要無形文化財保持者だった伊勢﨑陽山の次男として備前市伊部に生を受けた。本名は惇《あつし》。「生まれた時から目の前にやきものがあり、父の姿があった。学校から帰るとすぐに土づくりを手伝ったり……」。父の陽山は古窯の跡をよく歩いて研究した。その父と一緒に惇少年も窯跡を歩いて陶片を集めて歩いた。

一九五九（昭和三十四）年、古い窯跡を求めて伊部周辺の山野を探し歩いていた陽山は、友人の榊原勤とともに姑《こ》耶《や》山中で崩れた中世の古窯と散乱する無数の陶片を発見する。当時、榊原は作家に土を提供する仕事をしており、古窯のあったところは牛を飼っていた土取り場。榊原は陽山にその復元を依頼し、陽山は長男満と次男淳の三人で長さ十二メートルの半地下式窖窯の復元に取り組む。当時、淳は岡山大学教育学部特設美術科を卒業し、備前高校に美術教師として勤めていた。翌年、父子は備前で初めて窖窯を復元するが、まもなく焼成を見ずに父陽山が死去。遺志を継いだ兄弟は父の形見ともいえる復元した窖窯を研究。窖窯に関する知識が全くない中、手探りで勉強しながら焼成に成功、桃山期の明るい焼成を生み出す。「ほっとした。金重陶陽さんも喜んでくれた」。その後も淳は古い窯跡に落ちている窯道具などを先人のメッセージとして焼成法を勉強しながら、備前焼焼成の原点である窖窯の特長を生かした明るく豪快な焼け味を追求する。

古きを訪ねるその一方で、伝統に現代の感覚を加えて一歩発展させようとする挑戦もこのころから。姑耶山での経験を原点とすると、いわば飛躍。積極的に現代美術の作家たちと交わった。学生時代に知り合った岡山市出身の現代美術家岡崎和郎を通じて知遇を得た版画家・小説家の池田満寿夫との交流はよく知られるところ。彫刻家イサム・ノグチとも親しかった。すでに淳は岡山大生時代、同期の森陶岳らと岡山中央郵便局の壁を使った野外展に前衛的な陶作品を発表していたが、池田らとの親交を機に現代美術に触発されながら多彩な交友の中で作陶を深めていく。淳にとって、器もオブジェも全く同じ。「純粋に彫刻的なエッセンスとして作る」

陶壁にも備前焼界でいち早く取り組んだ。初めて作ったのは二十七歳の時。その後、スペインへ旅行し、ミロの陶壁やガウディの建築を目にし一層興味をかきたてられ、後の新首相官邸の陶壁（二〇〇二年）へとつながっていく。

後継者の育成にも力を注いできた。淳が作陶生活に入ったころは金重陶陽ら作家が七、八人、窯元を合わせても二十軒ほど。続く戦後第二世代が藤原雄のほか、藤原建、金重道明らとほとんどが二世。後継者難が心配される中、作家層を広げれば、レベルアップにもつながると考え、県外の人や外国人も積極的に受け入れた。

順風満帆の作陶人生のように見える淳だが、作家人生を危うくさせる危機が二度あった。一度目は一九八三（昭和五十八）年の網膜剥離で目が見えなくなった時。二カ月間、光のない日々を過ごし、その時のイメージを後に形にしたのが代表作の一つ「黒い太陽」。顔料を練り込んだ黒い円の周囲に金彩を施し、眼球を思わせるオブジェに仕上げた。二度目は心臓発作で手術をした時（九五年）。この時は「それまでの仕事を振り返り、このままでは生きた証しがない、本当にやりたい仕事をしなければ」と自覚したという。

以後研鑽を重ね、一九九八（平成十）年には岡山県重要無形文化財保持者になり、約二百六十人の作家を束ねる重要なポスト・日本工芸会中国支部の幹事長にも就任。二〇〇四（平成十六）年には備前焼で五人目となる人間国宝に認定。名実ともに現代備前焼界のリーダーに。過去の名陶を一歩でも乗り越えたクリエーティブなものを求め、伝統と創造という作家として永遠のテーマと対峙する日々が続く。

一九三六年　二月二十日、伊勢崎陽山、九重の次男として備前市伊部に生まれる。本名・惇

五五年　岡山大学教育学部特設美術科（工芸専攻）に入学

五八年　岡山郵便局（現岡山中央郵便局）でグループ展を開催、岡山市出身の現代美術家岡崎和郎と出会い、親交が始まる

六〇年　七月、備前高校の美術教員に（六一年三月まで）。年末、父、兄らと備前市・姑耶山に半地下式穴窯を完成させる

六一年　二月、陽山死去。「第八回日本伝統工芸展」に初入選

六二年　四月、兄と穴窯を初焼成し、成功を収める

六三年　初めての陶壁が岡山大学生会館に完成

七三年　池田満寿夫との交友始まる

八〇年　イサム・ノグチが来訪。インド、ネパールを旅行

八一年　日本工芸会中国支部展で金重陶陽賞を受賞

八三年　網膜剥離。退院後、代表作の一つ「黒い太陽」を制作

九六年　山陽新聞賞（文化功労）を受賞

九七年　「備前焼　千年の伝統美展」（フランス国立陶磁器美術館）に出品

九八年　日本工芸会理事、同会中国支部幹事長に就任。四月、兄・満とともに岡山県重要無形文化財保持者に認定

二〇〇二年　新首相官邸に陶壁を制作

〇四年　重要無形文化財保持者（人間国宝）に認定

風雪（H.920mm × W.500mm × D.250mm 最大サイズ、2011年、写真/石崎公生）

神々の器（H.140mm × W.510mm × D.510mm 最大サイズ、写真/高原洋一）

侍（H.1120mm×W.460mm×D.360mm、写真/石崎公生）

陶器の部分名称

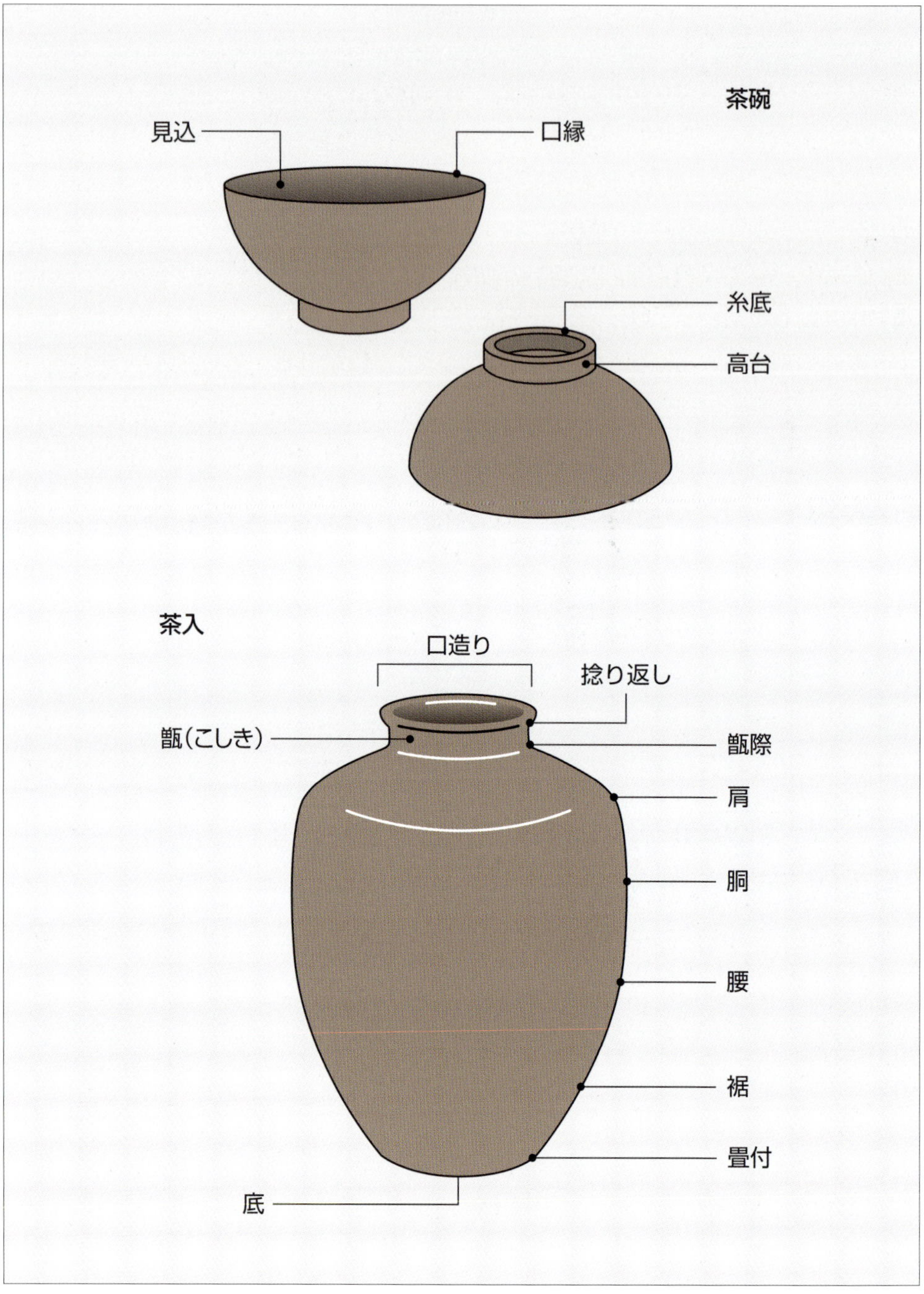
茶碗
見込
口縁
糸底
高台
茶入
口造り
捻り返し
甑(こしき)
甑際
肩
胴
腰
裾
畳付
底

第五章

昭和名工伝

三村陶景

一八八五（明治十八）年、現備前市野谷に生まれる。岡山県立工業学校（現県立岡山工業高校）を中退後、陶工を志して修業に励む。細工物に優れたほか、轆轤物では茶器を得意とした。若いころから技にかけては伊部の陶工の中でも群を抜いた存在で、一九一〇（明治四十三）年の岡山県下で行われた陸軍特別大演習の際には、「袋冠布袋」が明治天皇に買い上げられた。

陶景は作陶のかたわら後進の育成にも尽力し一九一三（大正二）年、伊部陶器学校を自宅に創設。同校は経営上の問題により一九二三年頃に廃校になるが、そのわずか十年という短い期間に初代藤田龍峰、初代小西陶古、初代大饗仁堂、金重楪陽、西村春湖といった多くの名工がここで切磋琢磨。備前焼史上最初の陶芸指導所であり、技と伝統の継承という点からも画期的な施設であった。

その後、一九二五年ごろに兵庫県明石郡垂水村（現兵庫県明石市）に転居。小窯による輸出用の彩色備前などを焼き、また丹波立杭（兵庫県篠山市）で丹波焼や伊賀焼の制作も。一九四二（昭和十七）年、再び伊部に帰り、翌年に農商務省から技術保存資格者（丸技）に認定された。

細工物には絶対の自信を持ち、一九五六年の人間国宝選定の際、「ろくろは陶陽、篦技術は陶景」と譲らなかったエピソードは有名。精緻な篦さばきで、彩色備前、絵備前、白備前、閑谷焼写しなど、本歌（モデルにした作品）を超えるような優れた作品を次々に生み出す。神馬や布袋、獅子、浦島太郎などの置物に特に優品が多く見られる。

研究心も旺盛だった。細工物に適した粘土や釉原料を求めて山野を歩き、和気郡三国村（現備前市）で陶石を発見。作品の焼成法でも初代小西陶古とともに、窯焚きの最終段階で木炭を投入して作る「人工桟切」の方法を開発。さらに人工緋襷の焼成法についても、陶景の功績は大きいといわれ、「樹皮の灰はよい胡麻にならん」と松割り木の樹皮をすべて剥いだり、「渋いものがとれる」と如露で焚き口の周辺に水を撒いたという。

備前史上でも稀有な名工で、技術の開発と同時に、幾多の作家を育てた教育者としても優れた功績を残した。陶景は号。初め春朝と号する。江戸期に始められた白備前や彩色備前の最後の作家でもあった。

一八八五年　四月一日、現備前市野谷に生まれる
一九一〇年　「袋冠布袋」が明治天皇に買い上げられる
　一三年　伊部陶器学校を創設し、子弟の養成に努める
二五年ごろ　現兵庫県明石市に移る
四二年　再び伊部に帰る
四三年　農商務省から技術保存資格者（丸技）に認定される
五四年　岡山県重要無形文化財に認定される
五六年　三月二十八日、七十歳で死去

彩色備前勇駒香炉（岡山県立美術館蔵、高さ29.1cm×長径34.1cm）

初代　大饗仁堂

無口で頑固な明治生まれのデコ師。初代大饗仁堂は一八九〇（明治二十三）年、現在の備前市浦伊部で農業を営む大饗光次郎の次男として生まれた。京都で陶芸修業をした後に帰郷し、一九一三（大正二）年に三村陶景が創設した伊部陶器学校の第一期生に。そこで篦技術と細工技法を徹底的に学び、同時に邑久郡尻海村（現瀬戸内市邑久町尻海）出身で、当時伊部に来住して制作や指導を行っていた彫刻家井上仰山（本名・直伍）から陶彫も習う。

作家としての転機は一九一四（大正三）年。朝鮮総督府に招かれ、ソウルで三年間陶技を指導する。そのかたわら当時高麗焼と呼ばれていた朝鮮半島の陶磁器を研究。備前焼は朝鮮半島から伝来した技術の上に誕生したもの。いわば備前焼の故郷ともいえる朝鮮でさらに陶技に磨きをかけ、一九一五年には日韓併合五周年を祝して開催された博覧会「始政五年記念朝鮮物産共進会」で総督から賞を受ける。

帰国後の一九一八（大正七）年、伊部に転居し、一九二六年には自宅に窯を築いて独立。同年五月、当時皇太子であった昭和天皇の岡山県行幸の際、「色絵備前閑古鳥香炉」を伊部町商工会から献上する。

細工物に秀で、不動明王像、蝦蟇《がま》仙人、羅漢、虚空蔵菩薩、獅子文珠、鉄拐《てつかい》仙人、達磨、観音、猪、牛、鳩、鶏、龍などの置物を好んで作陶。また仁堂の手びねりの宝瓶のふたには蛙の鈕がよく付けられたところから、「蛙仁堂」と呼ばれた。精緻な細工の中に独特のおかしみが漂い、短歌や俳句もよくした仁堂の人柄が偲ばれる。一九五四（昭和二十九）年、岡山県指定重要無形文化財に認定。同年、六十四歳で死去する。

一八九〇年　二月十一日、現備前市浦伊部に大饗光次郎の次男として生まれる。本名は時松
一九一三年　伊部陶器学校の第一期生に
　一四年　朝鮮総督府に招かれ陶技を指導する
　一五年　始政五年記念朝鮮物産共進会で総督から賞を受ける
　二六年　自宅に窯を築いて独立
　五四年　岡山県指定重要無形文化財に認定
五四年　四月二十二日、六十四歳で死去

備前蝦蟇仙人像（個人蔵）

石井不老

細工物、轆轤の名手として知られる。心経宝瓶と赤の楽茶碗は真骨頂。不老は一八九九（明治三十二）年、現兵庫県姫路市に、近衛兵から後に酒類販売業に転じた石井虎吉の三男として生まれる。本名は与三吉。別号に一文字堂。

一九一六（大正五）年、兵庫県明石の朝霧焼九代戸田秋嶺（清太郎）に師事する。朝霧焼は明石焼の一種とされる、京焼風の施釉陶器。不老は秋嶺のもとでその制作を学ぶと同時に、京都の寺院で参禅修行も行う。備前焼とのかかわりは一九三二（昭和七）年、児島郡味野町（現倉敷市）で同地の数寄者に楽焼を指導したのがきっかけ。無釉焼き締めの美に魅せられたのか、翌年に和気郡伊部町（現備前市）に来住し築窯する。

観音、獅子、牛、仙人などの細工物にも非凡な能力をみせるが、轆轤物の壺、花入、水指、手捻りの赤楽茶碗などにも秀作を残す。茶陶作家として晩年の赤楽茶碗にかける情熱は執念ともいえ、朝霧焼の技法を巧みに役立てて不老の赤焼を完成させる。

また般若心経千巻を彫るという誓いを立て、それを宝瓶千個の胴に一巻三百余字ずつ篦で彫り込むという難行に取り組み、十数年を要して成し遂げる。それらの作品からは、厳格な家庭環境に育った不老の高貴で精緻な人柄が伝わってくる。その人生は、晩年においても京都の大徳寺管長と交遊するなど、精進一筋の作陶人生であったといえる。一九五四（昭和二十九）年、岡山県重要無形文化財に認定。江戸時代後期から戦後直後まで備前焼界の主流だった細工物。不老は西村春湖（一九五三年没）、伊勢﨑陽山（六一年没）らと、その最後を担った一人だった。

代表作のうち平水指一点がオーストラリアのシドニーにあるニューサウスウェールズ州アートギャラリーに収蔵されている。

一八九九年　一月三十一日、現兵庫県姫路市に石井虎吉の三男として生まれる
一九一六年　朝霧焼の九代戸田秋嶺に師事し、京焼風施釉陶器の制作を学ぶ
三三年　和気郡伊部町（現備前市）に来住し、築窯
五四年　岡山県重要無形文化財に認定
六四年　二月二十三日、六十五歳で死去

備前聖観音像（個人蔵）

伊勢崎陽山

「寒椿　陶土に生きて　五十年」

辞世の句のとおり土とともに生き抜いた人生であった。備前焼の一時代を築いた細工師の一人でありながら、金重陶陽（六七年没）の活躍以降、轆轤物が全盛となる中に埋もれた感もする作家でもある。

伊勢崎陽山は一九〇二（明治三十五）年、現在の備前市伊部に農業を営む伊勢崎友治の長男として生まれた。本名は義男。幼いころから絵画を好み、画家を志して長船出身の日本画家東原方僊に弟子入りを決めていたという。しかしその矢先、腸チフスで母と弟を失い、やむなくわずかな田畑しか残っていなかった伊勢崎家の家業を継いだ。

備前焼作家を志したのは一九一九（大正八）年ごろ。窯元興楽園に入り、陶芸を基礎から学ぶ。幸運なことに当時、来窯していた細工師田島幽仙（椋夫）から陶技を習い、同時に日本陶彫界の大家であった沼田一雅に師事して陶彫を学ぶ。一九三三（昭和八）年に自宅に窯を築き独立し、注文により得意とした大型の胸像を数多く制作。一九五三（昭和二十八）年には高杉晋作像の制作に着手し、一枚の写真から五〇センチの像を作り、それを三倍にして等身大、さらに三倍にして四・五メートルの大作を三年がかりで完成させる。その像は現在、山口県下関市の日和山公園に立つ。

そのほか轆轤や型による創作的な茶器や花器、細工物、また世の中の動きや風物に目を向けた社会派的な中型作品も手掛けて多くの秀作を残す。一九五四（昭和二十九）年には岡山県指定重要無形文化財に認定。一九六〇（昭和三十五）年には、古窯や陶土を渉猟中に姑耶山中で発見した長さ十二メートル、幅一・五メートル、高さ一・五メートルの半地下式窖窯を復元し平安窯と名付ける。しかし、使用することなく五十八歳で死去。日本画や俳句は玄人はだし。文化人としての懐の大きさが数々の名品を生む土壌であったのだろう。

一九〇二年　十一月二十一日　現在の備前市伊部に伊勢﨑友治の長男として誕生
一九年ごろ　窯元興楽園に入り、細工師田島幽仙から陶技を、沼田一雅に陶彫を学ぶ
三三年　自宅に窯を築き独立
五三年　高杉晋作像の制作に着手
五四年　岡山県指定重要無形文化財に認定
六〇年　姑耶山中で発見した古窯を復元
六一年　二月十六日、五十八歳で死去

備前寒牡丹伏香炉（個人蔵）

金重素山

備前焼の人間国宝・金重陶陽の実弟。七歳で父・楳陽を亡くし、十八歳から父親代わりでもあった十三歳年上の兄の助手としてこの道に。四十二歳まで兄を支えて裏方に徹した後、信仰する大本教本部（京都府）で作陶奉仕。そこで鉄釉陶器の人間国宝であった石黒宗麿に釉薬物を学ぶなど作域、交友を広げた。岡山市に窯を築いて独立したのは五十五歳のとき。陶芸家としては遅いデビューだった。

以後、その才能が見事に開花。桃山の緋襷の再現に心血を注ぎ、一九六六（昭和四十一）年に電気窯による桃山調緋襷の再現に成功。明るく柔らかな白い器肌に走る鮮やかな緋襷は、素山の代名詞となるとともに備前焼に新生面を開いた。

一九八二（昭和五十七）年には七十三歳で故郷の備前市伊部に戻って窯を築き、独自の高みを目指す。「ものを作る時に、自分を出したらいけんの。人間の気持ちなんて穢いものですよ」と自ら語った素山。現代における備前茶陶では、兄の陶陽と双璧をなした。晩年には、作為を超えた無作為の世界を求める高い境地が作品に漂い、殊に茶碗は陶陽をしのぐほど。美術評論家の林屋晴三は「陶陽の登り窯での古備前様式復興と素山の緋襷が、今日の備前焼の隆盛をつくった」と高く評価する。

深い精神性、融通無碍の境地、厳しさを秘めた気品のある豊かな作風。親交のあった直木賞作家の立原正秋は素山を評して「職人にもならず陶芸家にもならなかった。彼は陶工になった」と言い表した。そして、その陶工の手から生まれた作品を「端正」とした。

一九七四（昭和四十九）年、山陽新聞賞（文化功労）を受賞。一九八三（昭和五十八）年、岡山県重要無形文化財に認定。

一九〇九年　三月三十一日、現備前市伊部に金重楳陽の三男として生まれる。本名は七郎左衛門
二七年　兄・陶陽の助手として窯詰め、窯焚きを務める
四九年　陶陽、藤原啓、山本陶秀らと備前窯芸会を結成
五一年　京都・大本教本部に作陶奉仕
六四年　岡山市中区円山に登り窯を築く
六五年　電気窯による桃山調の緋襷焼成を創案、翌年に完成
八二年　備前市伊部に牛神下窯を築く
八三年　岡山県重要無形文化財保持者に認定
九一年　岡山県文化賞受賞。勲四等旭日小綬章受章
九五年　十二月二十七日、八十六歳で死去

備前耳付水指（岡山・吉兆庵美術館蔵、高さ19.4cm×径27.0cm）

二代 藤原楽山

父は明治・大正期の轆轤物の名工で、塩青備前を考案した初代藤原楽山（一八七六―一九三〇）。二代楽山はその三男として一九一〇（明治四十三）年に現在の備前市伊部に生まれる。一九二七（昭和二）年から父に師事し、備前焼の道へ。一九三〇年、初代没後に二代楽山を襲名する。

楽山といえば、青みを帯びた滑らかな器肌の青備前を思い浮かべる人も多い。青備前とは窯変の一つで、本来赤褐色になるはずのものが、窯の中で偶然あるいは部分的に還元状態になって青灰色になったもの。初代は窯に食塩を投げ入れて人為的に作り出すのに成功。二代楽山は、さらに焼成の工夫で青灰色と緋色を同時に生み出すなど表現の幅を広げた。

「茶碗と香炉の楽山」ともいわれ、「茶碗は茶の心をあらわす気持ちでつくること。形はつくろうとしないでも自然に生まれる。香炉は調和が第一、決して無理をしないこと」を旨とした。華美に走らず色彩と形が絶妙に溶け合い、磁器のように滑らかに磨き上げた薄造りの器肌。茶の湯の席で驚きを演出するため、本体と高台の土を変えてつくった茶碗。優美だが不安定な中国・景徳鎮様のフォルムの一輪花入を、底を重くして実用にする配慮など、その作陶は細かいところまで神経が行き届いていた。

人一倍研究熱心でもあった。年に一度は、国内の他の窯場を訪ねたといい、志野や伊賀などの作品も手掛け、それらの作品からはおう盛だった研究心をしのばせる。また中国陶器にも造詣が深く、やきものを見分ける鑑識眼は確かなものであったという。

粋という形容がふさわしい、典型的な明治生まれの陶工。仕事には厳しく妥協を許さない。しかし、気が向かないと手をつけない。俗事には無頓着で、総髪を後ろで束ねた風貌はさながら老子風。貧乏を苦にせず、名利を追わず。釣りを好み、夏は海、冬は川へ出掛けた粋人は一九九六（平成八）年、作品同様に恬淡とした備前焼一筋の人生を閉じた。

一九一〇年　十一月十八日　初代藤原楽山の三男として現備前市伊部に生まれる。本名は六治
二七年　父の初代楽山について陶技を習う
三〇年　父の没後に襲名する
五四年　岡山県重要無形文化財保持者に認定
八九年　勲六等単光旭日章受章
九六年　備前市功労表彰。九月三日、八十五歳で死去

備前茶盌 銘東大寺（個人蔵、高さ7.8cm×口径14.0cm×高台径6.0cm）

二代 藤田龍峰

一九一三（大正二）年、兵庫県明石市に生まれる。父は西日本各地の窯を渡り歩いた後、備前に落ち着いた藤田滝蔵（初代龍峰）。その五男に生まれ、十五歳のときから父につき、轆轤用の回し棒で殴られながら陶技を仕込まれる。

「『作っておいた作品が、朝起きてみると無い。初代の目にかなわず、つぶされとった』とぽつり。厳しい修業だったようです」と、甥の三代龍峰は振り返る。備前屈指の轆轤の名手は、そうして生まれた。

一九四四（昭和十九）年に二代龍峰を襲名。一九五四（昭和二十九）年、金重陶陽や藤原啓、山本陶秀（いずれも後の人間国宝）らとともに、しかも最年少の四十一歳で、最初の岡山県重要無形文化財保持者に認定される。四年後、第一回日本工芸会東中国支部展に出品、支部の立ち上げに参加した。

石炭窯で焼く青備前の煎茶器など、父譲りの磨き物を得意とした端正な作風は、戦後四、五年したころ、変わる。「雅物（桃山茶陶）をやるぞ」。桃山茶陶の復興を目指す陶陽に従ったのだ。酒を愛し、酒器に上作も多い。よく酒をくみ交わしたという各見壽峯＝岡山県重要無形文化財保持者＝は「この人も名手でしたよ。山本陶秀とどっちが上手だろうか、というくらいのねえ」と懐かしむ。轆轤の名手は、左手の親指が後ろについたという。一九五二（昭和二十七）年、北大路魯山人とともに陶陽邸を訪れて作陶したイサム・ノグチに前仕事を託されたのも腕の証し。

教養豊かで、これからの熟成を期待された陶歴は、しかし六十歳で絶たれた。伊部の町で東の龍峰と西の鈴木黄哉（第一回支部展出品の備前焼作家、七二年没）と呼ばれた酒豪ぶりが、体をむしばんだ。

「この家は商いの家　なにを商うているかと申さば　心を商うている家にて候」――作家の藤原審爾が龍峰の家に掛けた色紙だが、税金が払えず嫁入りダンスまで持っていかれる清貧の中、和歌や俳句、絵を嗜み、人に対する優しい思いやりを常に忘れなかったという人柄。そのようすがは今、残された作品の温和で端正なたたずまいの中にしのぶしかない。

一九一三年　一月十日、兵庫県明石市に生まれる。本名は俊一
二七年　轆轤の名工と呼ばれた父、初代龍峰のもとで作陶を始める
四四年　二代龍峰を襲名
四九年　金重陶陽らと備前窯芸会結成
五二年　北大路魯山人、イサム・ノグチが陶陽邸で作陶、ノグチの前仕事として轆轤を受け持つ
五四年　備前焼の岡山県重要無形文化財保持者に認定
五八年　第一回日本工芸会東中国支部展に出品
七三年　二月十三日、六十歳で死去

備前水指（個人蔵、高さ18.1cm×口径14.7cm）

浦上善次

後継者がいなくなるほど苦難の時代にあった戦中、戦後の備前焼界を支えた最後の世代の一人。浦上善次は一九一四（大正三）年、現在の備前市伊部に生まれた。十五歳で細工物の名工西村春湖に師事して箆技術を学び、五年後には、春湖らの勧めで上京し、日本木彫界を代表する内藤伸（日本芸術院会員）の内弟子に。さらに彫刻家北村西望（文化勲章受章者）に塑像を、洋画家岡田三郎助（同）にデッサンも学ぶ。一九三八（昭和十三）年から文展（現在の日展）に三年連続入選して頭角を現すが不遇にもその後、病や戦争で帰郷を余儀なくされる。

一九四四（昭和十九）年に藤原啓（重要無形文化財保持者）、難波仁斎（漆芸の岡山県重要無形文化財保持者）

らと三芸会を、一九四九年に金重陶陽（重要無形文化財保持者）らと備前窯芸会を結成。一九五〇年から現在の備前緑陽高校窯業科の実習助手を十年務めた。

制作が本格化するのは教職を辞してから。児島高徳、金重陶陽、大山康晴らの陶像、陶板に牛や鯉の置物。東京時代に身に付けた造形センスで写実に基づいた作品を発表していくが、日本工芸会中国支部とは、一九五八年の第一回同会東中国支部展で奨励賞を受賞した程度。伝統の枠にとらわれない造形へ向かい、轆轤物が隆盛を誇っていく中、陶彫や細工物に独自の世界を築いていく。

一つの頂点は、一九七三（昭和四十八）年フランスのル・サロン三百年祭。そこで金賞を受賞し、一躍国際的作家に。出品作の一点、牛の置物は足を切った大胆な形で「デフォルメの方がよく表現できることもあると話していた」と弟子で後に養子となった光弘。同年、岡山県重要無形文化財保持者に認定された。

後年は、陶板レリーフに注力した。草原を馬が走る岡山空港の大作をはじめ、備前焼伝統産業会館の外壁を飾る陶板レリーフ、岡山県立図書館、中国・景徳鎮市駅舎などの陶壁――。作品にはいつも外界の風が吹く。「備前焼にとって、これから必要なのは世界性だ」と備前焼パリ展（備前焼　千年の伝統美展）に寄せて語った善次。その目は常に世界を意識していた。

一九一四年　九月十日、現備前市伊部に生まれる
二九年　西村春湖に弟子入り
三四年　上京し彫刻家の内藤伸に師事
三六年　彫刻家北村西望に塑像など学ぶ
四四年　帰郷し、藤原啓、難波仁斎らと三芸会結成
四九年　金重陶陽らと備前窯芸会を結成
七三年　仏ル・サロン三百年祭で金賞、岡山県重要無形文化財保持者に
二〇〇〇年　中国・景徳鎮市駅舎に日中合作レリーフ
〇六年　三月二十三日、九十一歳で死去

走る馬（たて316cm×よこ880cm、1988年、岡山空港ターミナル蔵）

藤原　建

一九六八（昭和四十三）年、前年に亡くなった備前焼の人間国宝、金重陶陽の業績を記念して「金重陶陽賞」が創設された。その第一回受賞者に輝いたのが藤原建。現在は、日本伝統工芸中国支部展の特別賞だが、制定当初は独立した位置付け。「こんなうれしいことはない。長年私が陶陽先生の志を継いで作陶を続けてきたのが認められたのでしょう……」。陶陽を心から敬愛して止まない建にとって何にも代え難い勲章だった。

藤原建は一九二四（大正十三）年、現在の備前市穂浪に生まれた。藤原啓を叔父に持ち、二十二歳のときそのもとで陶芸生活に入り、間を空けず金重陶陽の手ほどきも受け始めた。完成度の高い技を誇る陶陽直伝の「端正」と、詩を愛した啓譲りの「人間くささ」、さらには後に鎌倉で触れた北大路魯山人の「用の美」を取り入れ、異彩を放つ独特のスタイルを築いていく。

独立してからは日本伝統工芸展などを舞台に活躍し、日本陶磁協会賞受賞（一九六二年）、岡山県指定重要無形文化財保持者の認定（一九七三年）など数々の賞を受賞。まさに破竹の勢いだった。陶陽が夢見て果たせなかった全長二十三メートルの大窯を築き、岡山国際ホテルロビーの壁面タイルや、八十トンもの土で黒住教本庁大教殿の屋根を飾る千木、鰹木、棟瓦を焼いた。「閑谷学校以来」といわれる建築との合作は、備前焼の建築資材としての可能性を切り開いた。

その作風は豪快ながら繊細。一見相対する要素がダイナミックに融合した味わいがある。だが意外なのはそのオーソドックスな造形。作家が最も冒険をしやすい花入に例を取っても、胴の膨らみに啓の作品に通じるおおらかさがいくぶんうかがえるものの、多くは筒型を主にしたシンプルな形。そうした単純な器形の上に、多彩な窯変と緋襷が現れる。赤々と燃え上がる緋と落ち着いた青灰色の対比が鮮やかな窯変の花入、深々と包み込むような緋が内側に広がる大鉢……。「窯焚きの名人」と讃えられた建の窯変は、師陶陽のそれに勝るとも劣らず、現代備前焼の一つのピークといえる。

しかし、備前焼の次世代を担う逸材と期待された陶歴は一九七七（昭和五十二）年、突然途切れた。かつての建の屋敷内には、一つの顕彰碑が立つ。その碑面にはほとばしる情熱のすべてを捧げた備前焼への魂の言葉が刻まれている。「作るんじゃない　生むのだ」

一九二四年　七月十二日、現備前市穂浪に生まれる。本名は健
四六年　八月、藤原啓に弟子入り。九月から金重陶陽にも師事
五二年　金重素山に京焼を学ぶ
五四年　北大路魯山人の備前焼窯焚きの応援へ
六九年　第一回金重陶陽賞受賞
七三年　岡山県重要無形文化財に認定
七四年　黒住教本庁大教殿の千木、鰹木など制作
七七年　十一月二十五日、五十三歳で死去

黒住教本庁大教殿「千木・鰹木・棟瓦」（1974年、写真/中村昭夫）

金重道明

さぞや想像を絶する重圧であったことだろう。父は備前焼中興の祖といわれた人間国宝、金重陶陽。道明はその長男として一九三四（昭和九）年、備前市伊部に生まれた。

「陶工も大学に」との父の思いを受け、当時の備前陶家では珍しく金沢美術工芸大学へ進学。偶然にもそこで後に彩釉磁器の人間国宝となる三代徳田八十吉と出会う。徳田は九谷焼の名門の家に生まれたが、花鳥の絵付けといった伝統的な九谷焼を志さず、「耀彩」という色彩表現そのものを追求する独自の前衛的様式を完成させた人物。野球部でバッテリーを組むなど、兄弟のように親しく交わった道明は、新しい欧米の抽象的な芸術にあこがれる徳田からその洗礼を受けたものと思われる。

そのような経験もあり、卒業当初は前衛志向で、日展にも入選。しかし一九六〇（昭和三十五）年に転機が訪れる。道明は陶芸勉強を兼ねてアメリカを訪問。当時のアメリカは最先端の現代美術の現場であったが、奇しくもその地で道明はかえって伝統を強く意識する。「外から日本を見て、伝統、文化の深み、すごさを感じた」

その後、父のもとで作陶生活に入り、古備前に対する深い理解力を基に茶陶の道を追求するとともに、現代感覚あふれる造形表現にも意欲をみせていく。その道明を力づけたのが、一九六三（昭和三十八）年の第六回日本伝統工芸東中国支部展。鉄釉陶器の人間国宝石黒宗麿が審査後、「作家としての制作意欲が感じられない」と備前焼勢を酷評する中、道明の「長角皿」を誉めた。「誉められた、なんて家で言う人じゃなかったのに。よほどうれしかったんだろうな」と道明の長男、巌は父の姿を思い起こす。

「土に素直に、火に素直に」。父の言葉を胸に、真っ正面から伝統、茶陶、そして重圧に挑んだ道明。「考えてみい。いきなり陶陽と比べられるんぞ」。晩年、やはり備前焼を始めた巌に、そう話したという。「どうせ比べられるんなら、小さな山より、富士山の方がうれしいじゃろう」とも。馥郁と静かに立ち上がる気品――それが偉大な父の重圧を乗り越えて達した境地だった。だがその重圧さえも楽しむ境地に達したとき、道明に訪れたのは病であった。

一九三四年　四月一日、金重陶陽の長男として現備前市伊部に生まれる
五五年　金沢美術工芸大を卒業後、父のもとで作陶
六〇年　七カ月間の渡米生活
七一年　日本工芸会中国支部・金重陶陽賞受賞
八〇年　日本陶磁協会賞受賞
八七年　山陽新聞賞（文化功労）受賞
九〇年　岡山県重要無形文化財保持者に
九五年　十二月二十日、六十一歳で死去

伊部耳付矢筈口水指（個人蔵）

伊勢﨑　満

戦後の苦難の時代から山陽新幹線開通後の大ブーム、そして現在まで――。伊勢﨑満はその息の長い備前焼作家としての人生で、常にその王道を歩いた。風格漂う中にもモダンを感じさせる作風と、無口だが芯の通った人柄で備前焼界に一時代を画した。

父は陶像や細工物を得意とし、備前焼の岡山県重要無形文化財保持者だった伊勢﨑陽山。満はその長男として一九三四（昭和九）年に備前市に生まれた。若いころは日本画家を志した陽山は俳句にも優れ、多彩な文化人と交流した文人。そんな父のもとで幼いころから陶技を学び、その影響か満も後年、四季を愛で陶魚の俳号で陶庵での日常を詠んだ。

本格的に陶芸の道へ踏み込むのは大学時代。父の高杉晋作像制作を手伝うため岡山大学教育学部特設美術科を中退し、父とともに高さ四・五メートルの大作に取り組む。満を備前焼作家として立つことを決意させたその像は現在、関門海峡を見下ろす山口県下関市の日和山公園に立つ。

独立は一九六〇（昭和三十五）年。この年に父と弟淳の三人で、姑耶山で発見した長さ十二メートルの半地下式窖窯を復元する。しかし翌年、窯に火を入れることなく父が他界。遺志を継いだ兄弟は、窖窯の焼成技法が皆目分からない中、手探りで焼成に挑み、翌年の初窯で桃山期の明るい焼成を生み出すことに成功する。備前で初めてのこの快挙が、満の桃山茶陶の原点。以後は、登り窯での制作となるが、茶陶の本格派として、しっとりとした緋襷など、桃山調で優美で繊細な美を追求していく。

晩年は茶碗、花入、と伝統のさらなる深みへと向かう。一九九八（平成十）年には「矢筈口耳付水指」で田部美術館大賞「茶の湯の造形展」の大賞を受賞。ことさら新しさはないが正統派的な造形を堂々と真正面から押し出し「奇をてらわず円熟味が漂う」と審査員から高い評価を得た。この時、満は六十三歳。歴代大賞受賞者の最高齢だった。他の追随を許さぬ品格と存在感が漂い、まさに円熟の極み。

早く寝て、誰も邪魔しない午前三時から起きて仕事をしていると語っていた満。伊部をこよなく愛した孤高の作家は二〇一一（平成二十三）年夏、静かな中に備前焼への激しい情念を燃やし続けた人生を閉じた。

「轆轤座の　今朝の一輪　夏椿」陶魚

一九三四年　四月二十四日、伊勢崎陽山の長男として現備前市伊部に生まれる
五七年　岡山大学教育学部特設美術科彫塑専攻中退
六〇年　独立。姑耶山の半地下式窖窯を復元する
七四年　金重陶陽賞を受賞
九四年　山陽新聞賞（文化功労）を受賞
九八年　岡山県重要無形文化財保持者に認定
二〇一一年　八月二十八日、七十七歳で死去

備前緋襷大徳利（個人蔵）

四代 松田華山

名工の誉れ高い先代松田華山の次男として一九三六（昭和十一）年、現在の備前市伊部に生まれる。父の三代華山（一九〇二―四八）は、朱泥や緋襷、煎茶器で知られた轆轤の名手。短歌を詠み、歌人の与謝野鉄幹・晶子夫妻、若山牧水らと交遊した。だが、文人陶工は、四代が十二歳の時に早世してしまう。四代松田華山は幼いころに受けたその先代の薫陶を胸に育った。

一九五五（昭和三十）年に備前高校（現備前緑陽高校）を卒業後、陶芸の道へ。「父が残してくれた窯、轆轤、土を使い独りで始めた」。四代目華山を襲名したが、轆轤や篦の使い方は伊部の窯元を回り、陶工の仕事ぶりを見て帰り勉強した。父を師として陶技を学ぶ陶家が多い中で、華山は三代華山と交流のあった人々の窯場を訪ね、学んでいく。義兄の各見壽峯や、高校時代の恩師浦上善次らの窯焚きを手伝い、伊勢﨑淳の父陽山や、金重陶陽（人間国宝）、山本陶秀（人間国宝）ら父との縁を頼って技術と心を磨いていった。伊勢﨑淳、山本雄一ら戦後備前焼の「第二世代」の中にあって、まさに苦労人といえる。

恩師浦上の後を継いで、一九六一年から七年間は備前高校窯業科の教師に。その傍ら休日に轆轤に向かった。やがて「自分の窯を持ちたい」との思いを募らせた松田は、初個展の推薦文を寄せてくれた金重陶陽の死の翌一九六八年、備前高校を辞し、窯を半地下式に造り変えて独立。焼成の工夫などでワインカラー色の焼け色や、木目文など独自の世界を生み出した。

「木目備前」は自宅近くにある天保窯、北大窯を見に行き、壁土に竹や木の木目が焼き付いているのを見て面白く感じ、ただ轆轤で挽くだけでなく、表面に木目を入れてみようと思ったのが着想。木の板に粘土を当て、木目を写し茶碗や花入をつくった。また自らワインカラーと呼ぶ深い小豆色や燃えるような明るい赤は半地下式穴窯で生み出したもの。

決して驕らず常に控えめな姿勢は作品にも漂う。茶陶の本格派として活躍したが、その造形はどちらかというと地味。臼井洋輔吉備国際大教授は華山の死を悼んで「先生の備前焼は日本画的雰囲気を持っているところが、一番の特徴であると今でも思っている。アクが無く、空間処理も似ている。大きな空間の中に窯変をさらりと遊ばせるところは達人であった」と寄せた。

一九三六年　十月八日、現備前市伊部に三代松田華山の次男として生まれる。本名・信敏
五五年　現備前緑陽高校窯業科を卒業し陶芸の道へ
六一年　同高窯業科講師を六八年まで務める
六二年　現代日本陶芸展で朝日賞受賞
八二年　金重陶陽賞受賞。同会中国支部展審査員に
八五年　岡山県文化奨励賞受賞
九七年　山陽新聞賞（文化功労）受賞
二〇〇二年　岡山県重要無形文化財保持者に認定
〇三年　九月二十七日、六十六歳で死去

備前窯変花入（個人蔵）

伊部周辺地図

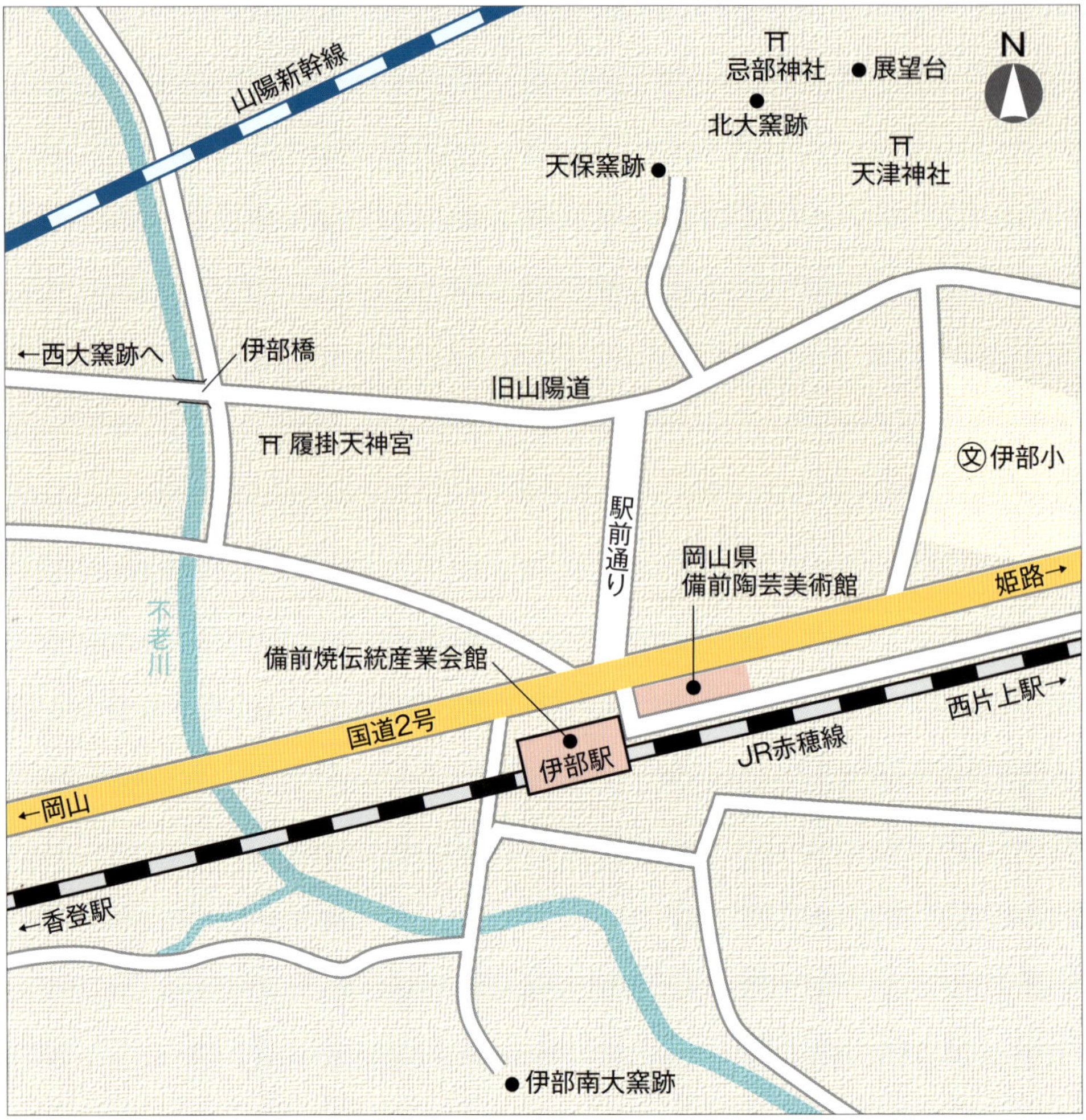

N
忌部神社
展望台
北大窯跡
山陽新幹線
天保窯跡
天津神社
←西大窯跡へ
伊部橋
旧山陽道
履掛天神宮
伊部小
駅前通り
岡山県
備前陶芸美術館
姫路→
不老川
備前焼伝統産業会館
国道2号
西片上駅→
伊部駅
JR赤穂線
←岡山
←香登駅
伊部南大窯跡

藤原敬二（不ニ原敬ニ＝藤原啓） 183、184
藤原建 135、136、158、201、**232**
藤原審爾 227
藤原陶斎 135
藤原雄 138、140、194、195、201
（初代）藤原楽山 123、132、161、223、224
（二代）藤原楽山 136、**223**
古市澄胤 92
古田織部 26、102、103

【ま行】

正宗白鳥 183、184
松井與之 138
（三代）松田華山 132、135、241、242
（四代）松田華山 241
松平不昧 26
真殿左鶴 127
三村久吾 127
三村陶景 121、124、130、132、134、135、136、160、**208**、211
三村梅景 183、184
三輪休雪 171
村田珠光 92、94、99、103
森栄太郎 120
森喜久助 120
森菊助 128
森陶岳 138、201
森琳三 120

【や行】

柳宗悦 129
矢部篤郎 44
山本出 139
山本陶秀 130、131、132、135、136、138、139、140、173、184、**188**、189、195、196、221、226、227、242
山本雄一 139、242
行本伝三郎 120
与謝野鉄幹・晶子 173、241
吉本正 139

【ら行】

頼山陽 127
李参平 106

【わ行】

若山牧水 241
（ゴットフリート）ワグネル 129
度会末彰 113

黒田孝高（如水、官兵衛） 85、90
鯉江方寿 128
後藤貞三 120
（初代）小西陶古 121、132、133、160、208、209
小堀遠州 103、105
木南知加選 130
小山一草 135
小山冨士夫 171、195
金春禅鳳 92

【さ行】
酒井雅楽頭 26
榊原勤 201
塩田力蔵 120
柴岡米田 133
二郎三郎 88
陶部高貴 61
菅原道真 46
鈴木黄哉 130、227
千利休 93、99、103

【た行】
高田源良太郎庵 18
武野紹鷗 14、93、99、103
田島幽仙 218
立原正秋 221
田中里三 128
田能村竹田 127
田山方南 171
千葉龍卜 32
坪内逍遥 184
釣井衛門太郎 8、89
徳川家康 103
（三代）徳田八十吉 235
（九代）戸田秋嶺 214、215
鳥羽上皇 85
富本憲吉 138
豊臣秀吉 10、99、102、106

【な行】
内藤伸 229、230
（十二代）中里太郎右衛門 171、172
永見陶楽 128
中村六郎 158
難波好陽 133
難波仁斎 229、230
西村春湖 121、125、127、130、132、136、208、215、229、230
二宮尊徳 133
沼田一雅 130、132、218

【は行】
バーナード・リーチ 138、140
八条院 85
八幡瀧本坊松花堂昭乗 26
林屋晴三 221
林屋辰三郎 88
日笠恒太郎 127
東原方僊 217
久本花山 121
久本才八 128
日幡正直 128
美福門院 85
藤江永孝 120、128
藤田哲英 162、164
（初代）藤田龍峰（滝蔵） 121、123、132、208、226
（二代）藤田龍峰 135、136、144、226
藤原伊三郎 184
藤原啓 135、136、138、139、140、173、182、183、189、190、195、196、201、221、226、229、230、232、233